Star
星出版

新觀點
新思維
新眼界

醫學博士、婦產科醫師
高尾美穗 著
賴詩韻 譯

請問婦產科醫師

關於自我實現、人生與婦科的重要大小事

心が揺れがちな時代に「私は私」で生きるには

Star 星出版

目錄

Chapter 2 如何面對痛苦和不安

Chapter 3 理想的人際關係

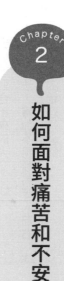

Chapter 4

不可不知的女性身體知識

Chapter 5

難以啟齒的性愛煩惱

Chapter 6

改變中的家庭型態

Chapter 7
關於人生和工作生涯

Chapter 8 我的人生目標

Chapter 9 高尾美穗「致姊妹們」的真心話

前言 想要活出什麼樣的人生，決定權掌握在自己的手上！

對大家來說，二〇二〇年也是令人難以忘懷的一年吧！這一年，日本本該迎接輝煌的奧運，卻因為看不見的敵人——新冠肺炎，遭遇前所未有的考驗。

我當醫師已經二十餘年，一年三百六十五天，我大概只能休假兩天而已。隨著「緊急事態宣言」發布，我的診所也決定暫時停業。突然迎來人生頭一遭的空閒時間，我開始思考如何讓待在家的時間更有意義，於是想把這段難得的經驗記錄下來。

以往我大都以文字記錄事物，這次我想嘗試新的方式，於是注意到stand.fm這款APP，它是一種語音廣播平台。我把廣播節目名稱取為《高尾美穗的真心話》（高尾美穂からのリアルボイス），每天都認真發布廣播，從二〇二〇年四月中旬開始，至今已經超過三年了。

我樂於經營我的廣播平台，當診所恢復營業之後，我也從未想過中斷。

許多人聽了我的廣播之後，也與我分享日常生活中的思考與感觸，這些分享成就了這本書。在「真心話」廣播節目陪伴我的聽眾們，還有幫我出版這本書日文版的日經BP社的藤川小姐，我由衷感謝大家！

婦產科醫師的診療過程，以及「真心話」廣播節目中的聽眾分享，除了女性，偶爾也有男性對我傾訴煩惱。我了解大家為了身心問題、學校、工作、家人、人際關係深感困擾，有時不知道該如何走下去。雖然無法直接解決所有人的煩惱，但是我想給大家一項建議，那就是「自己的人生要怎麼過，本來就可以由自己決定！」

如果真心厭惡職場的人際關係，乾脆換份工作吧！不想接受升學考試，不妨另謀未來出路。不想穿裙子，那就找不必穿裙子的工作環境。身體不好，就趕緊求助專業醫師。家人不可靠，不妨尋求好友協助。想要減少煩惱，先從自己做得到的事情著手。與其唉聲嘆氣，不如實際採取行動！

按照自己的心意生活，一整天都會過得比較愉快，晚上也會睡得比較好。我們可以維持良好的運動習慣，也可以選擇喜歡的地方居住。想要慰勞拚命努力的自己，就對自己說些溫暖療癒的話語。想要活出自己的人生，讓人生符合自己的期待，決定權掌握在自己的手上！

最後，送給大家我很喜歡的一句話：「知行合一。」

唯有實踐，才算是完成所學。

如何輕鬆自在生活，保持內心安定？如何調整生活方式，讓人生變得更好？在這本書中，我為大家提供了許多建議，希望大家可以實踐看看。祝福大家順心如意！

Chapter 1

如何「忠於自己」？

本書Chapter1到Chapter8的內容，取自stand.fm《高尾美穗的真心話》，情節略有調整。「Letter」內容則來自stand.fm聽眾的意見回饋。

什麼叫「做自己」？

前一陣子，我在推特發文：「我家的貓簡直不像貓。」後來，我想了一下怎樣才算「像貓」，應該就是「傲嬌，卻無法讓人討厭」吧？

這個社會，人們很常用「很有女人味」、「很有男人味」、「很有學生樣」或是「很有醫師風範」來形容個人，其實多數都是刻板印象。

「像自己、很有個人風格」的說法，其實也很常聽到，意思是很了解自己，也希望可以做自己。這麼多「像○○」的形容裡，只有「像自己、具有個人風格」這件事由自己決定。

自然不矯飾、不勉強自己、不與人比較、不拘泥常理和不受同儕壓力影響等，都可以說是「像自己、做自己」的表現。反過來說，容易屈服常理和同儕壓力的人，雖然省掉了不少麻煩，卻稱不上活出自我。

什麼叫「做自己」？我覺得從外表最容易看出來。比方說，我留著莫霍克髮型，兩側頭髮只留九毫米，每次洗完澡用吹風機簡單左右吹整，頭髮立刻很有型。早上起床就頂著這樣的髮型去上班，簡直省事俐落（笑）。不過，從世俗的眼光來看，我根本沒有「女人樣」。

我在看診的時候，也不穿醫師白袍。一到夏天，我會穿著短褲、腳踩夾腳拖，背上背包就騎腳踏車上班。當然，為患者做檢查，或是採訪錄影等必要場合，我會換上醫師白袍，但與世人眼中的「有醫師風範、像位女醫師」還是相差甚遠吧！

比起別人的眼光，我更在意活得像自己。我的處世原則，就是「做喜歡的事，遠離討厭的事。」**我好惡分明、不糾結瑣事，也不在乎別人的期待，經常隨自己的喜好做事。我覺得，這就是「做自己」。**

外表和生活方式都一樣，我喜歡愉快地騎腳踏車上下班，不喜歡跟別人擠電車，所以我總是騎腳踏車通勤。

從什麼時候開始，「做自己」變得這麼引人注目？或許從很早就開始了吧！以前人們為了守護自己的領地，要把該做的事確實做好，不給周遭的人帶來麻煩，其餘在被允許的情況下，才可以稍微地做自己。這種想法一直延續到現在。

各位覺得「做自己」的部分，應該大都比較不符合常規的社會價值觀吧！請重新想一想自己要什麼，想過什麼樣的生活。等到你可以盡情做自己的時候，請一定要開始做自己！

厭倦一直和別人比較嗎？

Letter

我是四十幾歲的女性，在職場經常與同事比較，陷入負面情緒。我總是覺得別人更受上司青睞，或是明明年紀就差不多，對方卻擁有不錯的頭銜，薪水也更高。有的同事已經結婚，擁有自己的家庭。有的同事私生活過得充實愉快，我卻沒什麼朋友，假日經常孤單度過。一想到這些，我就覺得憤怒，心裡也非常不安……。我不想再被負面情緒綁架了，希望珍惜現有生活，到底該怎麼辦才好？

這位女性的情況，就是與周圍的人比較，不禁衍生自卑感吧！不過，**無論是輸給別人產生自卑感，或是贏過別人產生優越感，「與人比較」的心態根本就不健康。透過與他人比較，才能確認自己的定位，根本是把重心放在別人身上。**但是，真正重要的其實是自己，不是嗎？

Chapter 1
如何「忠於自己」？

在社會上，我們經常被別人評價，不只升職加薪，現在與客人交涉，還要擔心口碑影響。如何看待這些評論，不妨先檢視自我評價與他人評價是否相符吧！

比方說，收到不大好的評價時，反省自己接待客人確實不夠盡心，那就下次改進。另一方面，自覺已經很盡力，上司也很賞識，就高興一下自己的努力有被看見。

我們通常比較不會拿望塵莫及的對象做比較，總是喜歡拿周遭的同期同事，或是同年紀的同事做比較，藉此確認自我價值。

喜歡與人比較的最大原因，通常是缺乏自信。有些人很愛賣弄，說不定也是因為缺乏自信，渴望獲得他人認同吧。不過，這種「半斤八兩」的比較，不僅無助於自我提升，還可能讓自己心情不好，根本沒什麼意義。

其實，勝負本不存在，都是由自己的心意判斷。一味糾結勝負，只是消耗自己的內在而已。真要分勝負，就像運動場上制定規則，按照分數分出高下就好。

每個人都各有優缺點，用不著每件事都想比別人優秀。看到別人的優點，坦然欣賞就好，同時也要找到自己的優點和強項，進一步肯定自我。彼此良性競爭，才會得到更好的成果。這就是現代社會的團隊合作吧！

產生負面情緒，並非壞事。誠實面對自己的情緒，如果討厭負面情緒，那就努力擺脫吧！

別人家的草坪看起來總是特別綠，但是想讓自家的草坪長得好，還是得靠自己吧？

想讓自己的人生和思考更加豐富，就得好好經營每一天。不妨多讀好書、多欣賞好電影，加強培養豐富的感受性吧！

Letter

自我判斷取決於個人經驗

我年過四十五，沒有結婚，也沒有孩子。從小我就不覺得嬰兒可愛，也沒想過自己會生養孩子。住在隔壁的孕婦，分娩後竟然母子雙亡，親戚的孩子也出生幾個月就過世。我還聽說不少孩子一出生就因為心臟病動手術，無法過上普通生活。看了這麼多不幸的案例，讓我更不想生孩子，這搞不好也與我是嚴重的高敏感族有關。不過，我偶爾也會想：有孩子說不定也很幸福吧……。

我擔任婦產科醫師，也年過四十五歲了。說到孩子，我現在只想到接生，他們就像工作對象。但是，我小時候並不這樣想，曾經還想要「生三個孩子呢。」不過，我並沒有孩子，「家裡倒是來了三隻貓，也算是三個孩子吧（笑）！」多數女性比我更渴望孩子，卻「求之不得」。

以前的社會，覺得女性一定要生養孩子，才算是盡到本分。當今時代，許多前來婦產科看診的女性，據我所知，已經不那麼普遍想要孩子了。

部分女性根本沒考慮過生養孩子的事，甚至與本篇聽眾一樣，對孩子敬而遠之，或者本身是LGBTQ族群。也有女性想要孩子，卻拙於性事。

當然，有些女性極度渴望孩子。也有女性很隨緣，覺得有孩子也不錯，不過即使有對象，也不考慮結婚，或是受到環境影響，工作很忙，當下沒空考慮孩子的事。

即使同為女性，大家的想法卻不盡相同，不可一概而論。

本篇聽眾遭遇的兒時經驗，已經留下了強烈的心理陰影，讓她往往根據個人經驗判斷事物。

根據經驗判斷事物，在哲學上叫做「經驗主義」。這種思想源於英國法蘭西斯・培根（Francis Bacon），他主張「我們出生的時候是一張白紙，寫上經驗和知識後，就會形成自我判斷和觀念」，我深以為然。

舉個例子，當下想闖紅燈這件事，大家都以為是自我判斷吧？其實也與個人經驗的累積有關。如果曾經因為不遵守交通號誌被撞，之後就會變得更加謹慎吧。**即使年齡、性別或工作相似，也會因為各自的經驗不同，擁有截然不同的想法。**

因此，我很快就能接受本篇聽眾的想法。我想告訴她，妳的想法也沒什麼不好喔！

做自己想做的事，不必一味迎合別人期待

曾有一名同事辭去工作，他對我說：「辜負您的期待，真的很抱歉。」

能夠承受多少工作量，擁有多少精力可以持續應付高強度的工作，在面對緊急狀況時有多少爆發力、基本的情緒管理能力，以及抗壓性等，我自覺都在水準之上。

所以，想在工作上符合我的期待，應該非常困難。某段時間，我曾經希望大家都要跟我一樣。對於那些同樣選擇當婦產科醫師的後輩，我尤其期待他們跟我一樣擁有熱情、衝勁和精力。

直到數年前，我終於了解自己和其他人不一樣。一旦開始做一件事，我有自信有足夠的能力、動力和學習意願，堅持做到最後。我喜歡深思熟慮，經常想到解決問題的方法，或是提出極具創意的計畫和提案。這種工作方式不是每個人都擅長，但是我不大會配合大家調整步調，所以還得請周遭的人多多擔待。

我只想說，像我這種精力異於常人的人，大家根本不需要迎合我的期待，也不必覺

得辜負我的期待。

想要迎合誰的期待，等於是追逐對方的影子。這樣做，真的幸福嗎？對你的人生來說，真的有意義嗎？請各位思考看看。

為了迎合父母的期待而努力也是基於相同道理。這是有意義的嗎？又要持續到什麼時候呢？

希望最愛的人或是尊敬的人認同自己，這是人之常情。為了誰而努力的心情很珍貴，人生有這段時期也很美好。

不過，**如果這段過程無法幫助你成為更好的自己，那就等於失去意義。**請想一想，別人的期待說變就變，你至今的努力不就等於白費？遇到這種情況，你該怎麼辦？「想要符合某人期待」，完全是以他人為中心，徒增壓力而已。

不必一味迎合他人期待，失不失望是他家的事，不必在意。比起讓別人失望，我更討厭讓自己失望。只要拋開「不想讓人討厭，不想讓人失望」的想法，就可以打從心底獲得自由，生活過得輕鬆自在。

偶爾感到迷惘時，當然可以想像一下「我尊敬的那位，會如何處理？」不過，走在人生道路上，記得不要總是考慮別人的期待，自己的期待才最重要！

我到目前為止的人生，一定也辜負了很多人的期待。比方說，我從兩歲開始學小提琴，小提琴老師建議父母不要把我送去幼兒園，他想把我栽培成小提琴獨奏家，但我堅決抗拒。這種違背他人期待的經驗，每個人都有吧！

回應對方期待的心情，可能產生正面影響，也可能出現負面影響。說到底，自己的人生由自己期待，自己的期待由自己實踐，這就是我們努力的目標吧。

如果你正因為達不到期待而煩惱，請想想這是誰的期待。如果不是你自己的期待，這真的符合你想前進的方向嗎？不符合的話，那就按照自己的期待往前走吧！

Letter

下定決心，就可以脫離父母／原生家庭獨立

我的父母對「有成就」的孩子好言好語，就算他們做了不好的事，也都視而不見。我沒有什麼成就，所以被父母討厭。從小父母就對我不抱期待，家人和親戚都覺得沒有成就的人可有可無、沒出息，不值得費心對待。我為自己感到悲哀。我知道，轉個念就可以改變情況，卻無法讓自己振作起來，連過著正常普通的人生都做不到。我無法接受這樣的自己，也無法愛自己，能給我一些建議嗎？

首先我想說，如果到了脫離父母獨立的年紀，就「不必那麼在意父母和親戚的影響。」到目前為止，或許你覺得一直受到很大的打擊，但那始終來自他人的評價。直到高中階段，因為還在父母的保護之下，所以很容易受到父母影響。之後，應該更有機會脫離父母和親戚的影響吧！

以往，聽父母的話、在學校把鞋子擺好、坐在座位上乖乖聽課，這種典型的乖孩子容易管教，也很討大人喜歡。不過，你已經脫離學校了，而且時代正在改變，一直被父母和親戚的想法牽著走，真是可惜！你提到「因為父母的影響，無法過上正常人生」，我的建議是：**自己的人生要怎麼過、想成為什麼樣的人，本來就可以由自己決定！**

既然知道「轉個念，就可以改變情況」，卻仍然無法愛自己，就不要把問題歸咎於原生家庭，首先要檢視為什麼自己不願意改變。也許「改變內心很困難」，但只要下定決心，就一定可以改變！

至於「無法過著正常普通的人生」，如果指的是「無法做到跟多數人一樣」，其實在社會上也不是多大的困擾。從今以後，可以逐漸脫離父母和親戚的影響，請思考「不一般的自己」如何活出自己的人生。

我也有不同於一般人的地方，我的家人其實一直都覺得我是個「奇怪的孩子」，就連親戚也覺得「我很奇怪」。即使如此，這個社會也不是所有人都不接受我。直到現在，親戚還是會拿我當話題，他們現在說我有自己的成就。

擺脫父母和親戚的影響，積極自我影響才更能活出自己。改變想法確實不容易。不過，正因為不容易，才更要挑戰看看，不是嗎？

Letter

人有三種「自信」

高尾醫師看起來總是自信滿滿。
對您而言，自信是什麼？

大家看到的我，幾乎都是在工作場合，也就是專業領域的形象，所以看起來總是自信滿滿。不過，這也是因為我有足夠的專業知識，才可以自信地給大家建議。

想要擁有「自信」，應該具備哪些條件？

首先，對自我能力有自信。在技能、知識和情報資訊方面，都覺得自己「十分值得信賴」，就是對自我能力有自信。

有一點必須注意，就是知識和情報資訊的來源必須正確，以及對社會是否具有正面影響。現在大家都可以透過網路發表自己的想法，這是好事，但如果對諸如新冠疫苗等觀點散布錯誤的見解，那就極不可取。對自己的見解有自信，所以才會發布訊息，但千萬別忘了求證資訊的來源是否可靠！

自信的來源和種類，其實因人而異。比方說，擁有某項才能、經歷許多成功或失敗的經驗、讀很多書、交際廣泛，或是去過許多地方，都可以是自信的來源。也就是說，每個人都有不同的自信。

能力方面的自信，某種程度來說，只要努力就可以得到。無論結果如何，拚命努力的過程，投入時間心力所獲得的經驗，一定都會變成自信的來源。

第二種自信，來自自我管理，健康、情緒和時間管理都包括在內。重點是，「一天二十四小時如何安排」，可以由自己決定。當然，如果有必須守護的家人，就很難完全按照自己的意思安排時間。在運動和休息方面，安排時間做有益身心的事，讓自己保持在良好的狀態，也是一種自信的來源。

情緒方面也一樣，積極正向的態度完全出於自我選擇，只要我們想保持正向情緒是可以做到的。學會掌控自我情緒，就比較可以輕鬆自如。相信自己可以掌控情緒，就會愈做愈好。

第三種自信，來自與周遭人的溝通相處。感覺自己被需要、被愛，就會產生自信。這種自信雖然無法自行創造，但是從工作和經營興趣，也可以獲得這種自信。即使之後打算獨自生活，也一定要積極取得這種自信。

無論如何，我們都應該要有適度自信，與周遭的人保持對等溝通。我當然偶爾也會有沒自信的時候，但我盡可能提醒自己：遇到不確定的事物，一定要馬上弄清楚。累積許多經驗之後，就可以讓自己看起來自信滿滿！

兩種方法建立自信

Letter

我很容易不安，經常處於焦慮和擔心之中。LINE如果長時間沒收到回訊，我就會擔心自己是不是說錯話了，或是講了什麼冷場的話，腦中一直浮現負面的想法，變得畏縮不已。表達意見之後，我又經常後悔不應該把話說出口，也往往無法獨自決斷事情。想要找人商量，又怕耽誤對方的時間。我不是不信任別人，或許是沒自信吧，才會一直是這種想法……。是否有讓人變得積極的方法？

每天有那麼多顧慮，應該很累吧！就算別人沒有任何行動，自己也會受到影響，這應該是容易感受到壓力的類型。其中一個根本問題，就是沒有自信。只要別人的意見和自己的不一樣，就會覺得不安，也非常在意別人的反應。

想要獲得自信的話，應該怎麼做？

日常生活中，我經常挑戰新的事物。挑戰沒做過的事，只要成功做到，就會多出一

項自信。久而久之，你會覺得就算一開始不會，只要肯嘗試，就一定做得到。習慣了以後，喜悅和成就感變得沒那麼強烈，就會想要嘗試別的挑戰。

找一項小目標，挑戰每天都持續做到也不錯。即使某天無法持續下去，也不要當成負面經驗，重點在於轉換心態，積極嘗試下一項挑戰。

另一種方法，就是思考自己的強項是什麼。

我的其中一樣強項，就是持續力。就像我的語音廣播平台，每天持續做某件事，對我來說其實並不辛苦。還有求知欲和行動力，除了醫療和婦產科的專業知識，只要我感興趣的事物，我都會深入研究。這些知識都是我的潛在資產。另外，情緒管理也是我的強項。

大家也試著找出自己的三樣強項吧！本篇開頭引述的那位聽眾，應該對別人很會發揮想像力吧？這也是一種厲害的強項！

人有許多強項，但自己並不自知，從心理學來說，這叫做「優勢盲點」（Strength Blindness）。因此，你不妨可以請教周遭的人，了解一下你自己的強項吧！研究顯示，如果確實掌握自己的強項，不僅可以提升幸福感，也可以降低憂鬱傾向。一旦內心擁有足夠自信，就不再輕易因為別人的反應感到不安。

持續強化「不輸給別人」的特質

在工作和日常生活中，如果說我有什麼事「不輸給別人」，那就是強烈想讓「大家一起變好」的想法。

當然，很多人都希望「個人生活過得豐富多彩，人生如意美好。」不過，我除了自己以外，也期盼周遭的人，甚至是不認識的人，都可以擁有更美好的人生。

所以，我才會跳脫醫師的框架，舉辦瑜伽等各種講座，持續在網路上公開發布訊息。

當然，一定有許多歷史留名的偉人，比我擁有更偉大的志願和作為。但是，對我來說，這個想要一直持續下去、「不輸給別人」的強烈志願，就是我的核心理念。

雖然如此，真實社會並不是單純公平競爭的社會，可以透過條件差異、走後門、巴結奉承，或是私下交易等方式決定事情。舉例來說，歌舞伎看重血統和家系，運動員則是經常透過先天條件決定優劣。無論如何，自己覺得「不輸給別人」的特質，就是自己最突出的價值，也可以說是強烈信念或強項。**每個人一定都有自己「最珍惜」的特質，請好好精進，加以發揚。**

在日常生活和工作中，持續努力精進「不輸給別人」的特質。總有一天，你會超脫一般工作的框架，對世上多數人產生貢獻！

挖掘對事物「樂在其中」的才能

Letter

我是四十出頭的單身女性，沒有工作，說來丟臉，我還在靠父母養。五年前，我被診斷罹患注意力不足過動症（ADHD）。我每天都努力找工作，但是三十多歲時，我罹患乳癌初期，無法太過勉強自己。我的目標，就是不麻煩家人自立生活。人生目標竟然只求能夠自立生活，真是悲哀！看到別人一家其樂融融，我就覺得很羨慕。但是，我應該當不了萬能主婦，我不懂得臨機應變，遇到突發狀況很容易陷入恐慌。或許我可以找個伴侶，但我的條件畢竟不如健康女性，內疚遲早會讓我恢復單身吧！如何讓自己不再奢求正常幸福，可以給我一些建議嗎？

最近幾年，ＡＤＨＤ的診斷名稱開始廣為使用。更早之前，小學班上都會有兩、三個孩子被評為「對喜歡的事物非常專注，但總是靜不下來。」因此，即使未經醫師診斷，很多人可能也患有ＡＤＨＤ，不少人應該也有某種程度的自覺。

小學時期我的成績很好，但也被老師在聯絡簿上寫下「對喜歡的事非常專注，如果不感興趣的就落差很大」的評語（笑）。即使未經醫師診斷，我也自覺或許有ＡＤＨＤ的傾向。

這種類型的人，我覺得都有對事物樂在其中的天分。雖然行為有些異於常人，但可能具有某些優秀才能。這個世上，許多創新都與這類人有關。很多名垂不朽的畫家和發明家、實現天馬行空想法的人，當時都常被當作怪人。換作現代，極有可能被診斷患有ＡＤＨＤ吧。他們都是待琢磨的寶石。也就是說，如果什麼都不嘗試，讓時光白白流逝，那就太可惜了！

四十出頭的年紀很美好，能否愉快度過，完全可以由自己決定！不妨積極「嘗試各種行業，做不來就換另一種」，更有效地安排時間吧。遇到不適合的工作想辭職也沒關係，說不定反而可以邂逅其他新事物。曾經罹患乳癌初期，也不代表身體特別虛弱，不必過度擔心會影響求職。

戀愛也是一樣。本篇的這位聽眾，一定是位有趣的女性，當然可能吸引到懂得欣賞的人，相處也能順利的。無論有沒有孩子，只要遇到懂得欣賞自己的人，彼此相伴共度一生，人生就會截然不同。

家庭主婦不一定什麼都會，有些人很會做料理，有些人只會洗衣服和打掃。即使不是每件事都會，只要確實做好每件事就好。

覺得自己的條件不如健康女性，那或許是想太多了！**內疚與否，也可以由自己決定。請正面接納自我。**

請你發揮獨一無二的魅力，這是多麼棒的一件事！

別太在意別人說什麼，日子會過得比較輕鬆愉快

Letter

主管和公司要求的工作方式和我希望的不同，工作很不愉快。我在工作上會接觸許多不同領域的同事，有時想要學習其他的知識和技能，卻被暗示我的工作沒有必要學。偶爾有其他公司問我要不要跳槽？由於我是單親媽媽，目前的薪水比較符合我的需求。我說服自己，到任何職場都一樣，還是會遇到其他不同的問題，但是心情仍然無法平靜。該怎麼辦才好？

簡單給一句建議，就是「不要太在意別人說的。」

本篇的聽眾是單親媽媽，而且是會被其他公司企圖挖角的優秀女性。因此，如果想學習其他領域的知識和技能，若不至於造成周遭人的困擾，就不要在意上司和同事怎麼講，想學什麼儘管去學吧！

與自己的工作無關的知識和技能無須學習，意思就是用不著學習自己工作以外的東西。我是婦產科醫師，不一定得學習婦產科以外的知識和技能，但是我實際上也擔任企業健康管理顧問和運動醫學科醫師，協助人們發掘自我優勢，這些都已經超越我的專業領域了。我覺得，有些事自己想做的話，也不會造成別人的困擾，那就去做吧！

前文提過，從外表來說，我都以自己喜歡的方式上班，經常被認為「沒有醫師樣」。但是，我覺得自己是怎樣的人，不能光從外表判斷，所以完全不介意別人怎麼想。

每個人經營人生，掌舵者只能是自己。**自己沒做什麼或沒選擇什麼，不能歸咎他人。「人家叫我不要做，或是因為有人反對，所以我沒做」，其實都是令人遺憾的個人選擇。**承認個人選擇的責任在己，之後一定可以做出更積極的選擇！

一般女性的人生，通常會陸續面臨是否結婚、是否生孩子的選擇。認為自己是因為別人說了什麼才做出某項決定，之後遇到困難過不去時，也會覺得都是別人的錯。如果自認都是出於自我選擇，遇到困難時，就會自己想盡辦法克服。正因如此，希望各位可以擁有強烈自覺：你的人生，由你自己決定！

愈是敏感的人，而且距離對方愈近，就很難不介意對方的臉色和言行舉止。然而，「不要太在意別人說的話」，是人生中支撐自我的強大力量，請把這句話記在心上，就可以較為輕鬆過日子。
從明天開始，在心裡悄悄告訴自己「不要太在意別人說的話」吧！

別人的批評，不妨選擇積極看待

Letter

我是四十出頭的女性，我覺得自己太在意別人的評價了，所以無法充分發揮實力。對於如何看待別人的評價，醫師有什麼好建議嗎？

人生在世，只要活在社會中，就會有意識或無意識地接受他人評價。即使沒有說出口，無論在職場上或家裡，任何地方都會出現評價。

對於初次見面的人，我都會提醒自己盡可能拿掉偏見。當然，面對患者時，為了找出對方煩惱的原因，我多半會先透過病歷資料，確認對方的生活習慣、生理週期、家庭環境和睡眠情形等。有了某種程度的了解，我才會繼續進行診療。此外，我都會屏除社會立場和能力等先入觀念。

面對初次見面的人，大家多少都會帶入一點先入觀念，但請留意提醒自己，不要嚴重受到偏見左右。我們在社會上扮演各種角色，會因為情況和觀點不同，例如：諮詢和被諮詢，使得立場產生變化。彼此不存在先入為主的觀念，盡量保持客觀中立，只是單純地思考「如何幫助對方」，才能進行最有效率的溝通。

若是面對工作夥伴，有時內心當然不免會有能力好壞的評價。儘管如此，我不會因此評斷對方的為人，希望大家也可以如此。

聽到關於自己不好的評價，多數人可能會感到自卑或悔恨吧。其實，評價沒有必要特意分成「好」或「壞」。把世上事物單純評為「是」或「非」很簡單，但是人們幾乎都只停留在評價，之後就沒有然後了，這沒多大幫助。

對一件事情產生負面情緒，請你思考自己為什麼感到不快。如果對方對你感到不快，也不妨把理由找出來。如此一來，你才會變得更好，獲得積極向前的動力。

思考自己為什麼會得到負面評價，如果是因為儀容等外在因素造成觀感不佳，馬上修正就好。如果是因為自己的知識和技能不足，或是手邊的資訊幫不上對方的忙，那就轉換成加強學習的動力吧！**「希望從初次見面的人那裡得到我期望的評價，應該做什麼樣的努力？」，建議大家可以這樣思考。**

從別人那裡得到評價時，首先請你保持三十公分的距離，客觀檢視自己的狀況和情緒。這樣做，無論是得到期望的評價，或是難以接受的評價，都可以比較冷靜看待，再做出下一步的反應。

如何活得自由自在？

經常有人對我說：「您真是個自由的人」、「您活得真是自由自在。」

其實，我也沒有特別刻意如何，只是外表和打扮看起來不「像女性、像醫師」，面對重要的事情也比較敢於發言，所以才給人活得自由自在的感覺吧！

讓我「活得自由」的最大因素，應該是我不受別人評價左右。

在學生時代，某種程度必須接受別人評價。因為在求學階段，有必須達成的學習目標，所以會有考試評量，老師通常會指出學習不足的部分，並且要求改進。但老實說，就連這種事，我也質疑過「真的有必要」嗎？

在工作上，大家往往認為「完成該做的事」，就會有回報，也很容易根據別人的評價確認自我價值。如果只是考慮到「遵守必要的社會規則」，其實可以不必過分在意。

我會這麼想的其中一項原因，就是害怕喪失個人優點。

這個世上，不少人因為受到他人評價影響，所以不敢發言、行動和實踐，選擇克制自己。然而，周遭的評價真的正確、有價值嗎？無從得知。顧忌他人的評價所以壓抑自我，不就等於壓抑了個人優點，未能充分活出自己的人生嗎？

在我任職的診所，我擔任副院長，負責考核別人。我經常提醒自己，要盡可能以找出個人優點，幫助對方發揮長才的角度來評價個人。

我認為不必過分在意他人評價的第二個理由是，別人評價的不是完整的我。從他人立場，往往只能從單一角度看待個人。如果從多元角度看待個人，可以看到好和不好的部分，還可能發現對方不自知的優點。因此，即使收到他人的負面評價，不妨告訴自己：「沒關係，我知道自己的真正優點。」

更重要的是，**你愈是重視的人，請認真傾聽他們的評價。**如果你很想聽到某人的建議，對方對你而言多半很重要，他們的評價會很有價值。也就是說，**對於無關緊要的人，他們的評價真的聽聽就好。虛心接受有價值的評價，然後讓自己變得更好。**

我每天都會發布不同的內容，但不會太在意網友們的評價，因為我發布的是自己喜歡的內容，大家的看法當然會不一樣。有些人覺得很棒，一定也有人不認同。

不要過度在意周遭人的看法，尤其是無關緊要的人生過客的閒言閒語，盡量自由地做自己，每天一定可以過得更輕鬆愉快。

Letter

如何建立氣勢？

我的工作需要面對眾人，卻被人說沒有氣勢。如何建立氣勢，請給我建議好嗎？

提到「氣勢」，是指個人散發出來的氣場和氛圍吧。

所謂「有氣勢」，通常是指與周遭人比起來更有存在感和魄力。除了這種正面意思，有時也用來形容「拒人於千里之外」的強硬姿態。沒有氣勢，就好像路人甲，換句話說就是「沒有存在感」。

有氣勢的人，通常都是怎樣的？首先，他們一般都很有自信。

因為有自信，所以抬頭挺胸、姿勢挺拔。他們坦蕩大方的姿態和神情，會讓人留下深刻印象。此外，一眼就讓人印象鮮明的打扮和髮型，或許也會讓人覺得很有氣勢吧。

不過，有氣勢不全然是好事，有些人反而刻意低調，讓自己融入周遭環境。其實，每個人多少都有一點氣勢，不可能完全沒有。

重點在於，氣勢不是自己引發的東西，而是來自周遭人的感受。我們其實不需要勉強自己成為特別突出的人，一直拚命裝出氣勢，這樣只會讓人覺得莫名其妙，也把自己搞得筋疲力盡，反而愈容易沒有氣勢吧！

有些運動員經常掛在嘴邊的「想給大家勇氣和感動」，也讓我有類似的違和感。勇氣和感動，也像氣勢一樣，取決於接收者的感受吧。

想讓自己有氣勢一點，首先要對自己有自信。你可以提高視線，保持良好的姿勢。**這與是不是帥哥美女沒有關係，重點是認真生活，散發自己的光彩。**

此外，不妨也適當展現出真我個性。以我為例，我的髮型和穿著個性十足，往往讓大家印象深刻。只要不給周圍的人造成困擾，稍微改變一下衣服的顏色和搭配，戴上自己喜歡的眼鏡或帽子，也能夠加深別人對你的印象。**在物質上下點功夫，也是一種好辦法！**

自我欣賞的三個方法

我平常就會在網路上表示「我很喜歡自己」（笑）。經常有人問我：「無法喜歡自己，該怎麼辦？」我想告訴這些人：「喜歡自己，會有好事發生喔！」

我喜歡自己的理由，外表是其中一項。首先，這個世上幾乎沒有人百分之百滿意自己的外表吧？我對自己的外表，當然也不是全然滿意。比起五年前的我，我現在的腰間肉都跑出來了！有時候，我會想：如果我的鼻根高一點，雙眼皮更明顯一點，該有多好？但是，我不會特別糾結，因為我**懂得欣賞自己的身體、打扮和髮型，以及整體看起來的樣子，這樣就好。**

自我欣賞的第二個方法，就是喜歡自己至今的人生。不少人都有過被霸凌的經驗，很多人在學校或職場，都曾與身邊的人發生過不愉快，或是經歷過所謂的黑歷史。正因為有至今為止的所有人生經驗，才能夠成就現在的自己吧！從這個角度來看，就連黑歷史也變得珍貴。

人的經驗有好有壞。我們的大腦據說會自動淡化威脅生命存續的負面記憶，也就是說，即使是負面記憶，也可能被大腦美化成相對美好的記憶。既然如此，大家就喜愛自己至今為止的一切吧！

第三個欣賞自己的方法，就是欣賞自己的想法。無須分成正面思考或負面思考，即使處於負面情況，也找出「值得肯定」的部分正面看待。

最後，也要學會欣賞自己的好運氣。即使遇到運氣不佳的事，從整體來看，或許不是真的壞事？比方說，工作沒了，或許可以當作剛好是給你機會去找新工作，以及享受自己做菜的樂趣？**學會用這種「結果並不壞」的想法看待事物，也是自我欣賞的重要關鍵。**

讀到這裡，各位或許覺得我「凡事都不看壞處」吧？其實，本來就沒必要拚命糾結壞的一面。如果不喜歡自己，也請至少找一天，一整天都只看自己的優點，這樣一定可以多愛自己一點的！

在我的日常生活中，也不全然都是美好的事物。但我對自己和周遭的事物，都用比較正面的方式看待，所以對我而言，幾乎每天都是好日子。

優點也好，差強人意的部分也好，都學會用欣賞的角度接受吧。能夠百分之百理解自己的人，可能就只有自己喔！

不一樣又怎樣？自己的魅力自己肯定

「對高尾醫師來說，什麼樣的人很有魅力？」前一陣子有人這樣問我，使我再次思考這個問題。

充分了解自己的優點、活出自我的人，我覺得最有魅力。所謂「活出自我」，就是保有自我，有自己的強項和與眾不同的個性，這些正是讓自己發光的個人特質。

積極了解自己的優點，並在日常的表現和言行中努力展現個人優點，發布訊息讓周遭的人了解自己，我覺得這種人很有魅力！

這個世界傾向用二分法，把人的個性分成「好」或「不好」。所謂的「好」，實際上往往與「不好」只有一線之隔。只要確實了解自己的好，就無須在意別人看你是「好」或「不好」。

世上很多人都埋沒了真我和個性，原因或許出在學校教育。學校規定正確答案只有一個、滿分是一百分，而且施行學力的五階段相對評量。書包的顏色、制服和襪子的長度，都規定「大家必須一致」，這樣才好。我現在看來，多數都是「無關緊要」的規定。

當然，學校教育階段是人們練習遵守規則和社會規範的時期，有其存在價值。但在學校階段充分學會遵守規則的人們，在成為大人之後，在現代社會其實很大程度可以放心做自己了。

最近，日本社會出現了「少數派」（マイノリティ，minority）一詞，最常聽到的是性少數族群。除了性取向，其實各領域都存在少數派。

像我這種留著莫霍克髮型的女性，就是極度的少數派。在東京，棒球隊不支持巨人隊、而是中日龍隊，那就是少數派。另一方面，我身為女性，比較偏好暖色調的橘黃色系，在女性當中應該算是多數派。

每個人的特質當中，都有屬於多數派和少數派的部分，少數派的部分就是自己與眾不同的地方。如果可以欣賞自己的與眾不同，就會變成個人魅力。

當今時代，每個人都可以綻放異彩。不管是否獲得認同，我們都可以自由展現個性和想法。社會的法則和規矩，以及必須守護的部分，我當然了然於心。在這些前提下，我想要努力活出自我。

一百年前的日本，只要表現出鮮明的個性，多半會被打壓吧！隨著時代不斷改變，魅力的定義也愈來愈廣。以前認為「專屬女性」的事物，現在可以接納不同的看法。

我自覺是極少數的類型，一路走來，都沒有埋沒自己的個性。這應該要感謝我的父母、學校老師、朋友和同伴們，非但沒有打壓我，還對我加以包容，才讓我至今一直保有高度的自我肯定。我由衷感謝！

與其在意自己在別人眼中是否具有魅力，自我肯定個人魅力才最重要！正面接受自己與眾不同的特質，肯定自我的魅力吧！

保持正向心態的三項關鍵

先前舉辦定期的瑜伽同好會，參與者都是年紀相仿的人，想法都很積極正面，不喜歡和人比較，也不會說出嫉妒別人的話，相處起來十分輕鬆愉快。每次參加聚會，時間都過得很充實。我覺得自己的個性有所提升，真的收穫良多。

談到「如何保持正向心態」，最重要的關鍵就是不要和他人比較。上瑜伽課時，老師常說：「不要和別人的姿勢比較。」人一旦和人比較，就容易產生嫉妒心。萬一產生嫉妒心，你應該具體確認自己想要追求的是什麼。

保持正向心態的第二項關鍵，就是不要把目標訂得太高。目標本來就很常由自己決定，把目標訂得低一點，也是心態保持正向的關鍵。

舉個例子，規定自己每天都要做到某件事，如果無法做到時，請不要放棄，試著改成「隔天做到」來降低難度，這樣或許就可以持續做到吧。如果稍微降低目標就可以保持正向，何樂不為？

保持正向心態的第三項關鍵則是：不讓過去的事影響心情，不用刻意回想過去。有正向的回憶當然很好，但如果是一想起來就黯然神傷的過去，實在沒有必要刻意想起，讓心情再起波瀾。

過去的事實不可能改變，如果回想過去沒有正面意義，請不要浪費時間。把精神放在自己可以改變的未來，才可能持續往好的方向前進。

當然，即使是正向的人，也一定有不正向的時候。如果期待著美好的未來，選擇正向想法或選擇負面想法，我想結果將大不相同！

Chapter 2

如何面對痛苦和不安？

面對焦慮不安，善用「算了吧！」的情緒新選項

所有的情緒裡，不安的情緒最難自我控制。人一旦不安，就容易喪失冷靜判斷的能力。當我們處於不安時，內心的視野會變得狹窄，眼中只看到令人擔心的事。比方說，一整個月幾乎都很順利，只有一天遲到或發生令人焦慮不安的事，不少人很容易會一直想起不愉快的那一天，覺得不如意。

除了人與人之間的信賴感，新冠疫情高峰期出現的搶購潮，或是日本民眾出現了「自肅警察」正義魔人般的行為，都與不安的心理有關。

當我們覺得之後可能發展得不順利，就會感到不安。舉個常見的例子，遇到電車誤點或路上塞車，我們往往會陷入不安，真正的原因可能是擔心朋友等待或工作夥伴對自己產生不信任感。當下的不安，更多是來自對未來的不安。

我建議大家，不妨用「算了吧！」的心態看待，在「做得好」和「很遺憾」兩種心情之間加入一個叫做「算了吧！」的選項。有了這個選項，我們的心情因此可以變得比

較輕鬆，抹去不安感。實際上，可以歸納到「算了吧！」的事物，往往過了一段時間，就會變得無關緊要。

重要的商談當然絕對不能遲到，但如果出現突發狀況，可能會遲到的話，請確實知會對方取得諒解。如果對方連不得已也無法體諒，想必之後的發展也不會太順利。

憤怒的情緒也一樣。突然被超車時，很多人會一時怒從中來。為了抑制怒火，不妨把情緒歸入「算了吧！」的選項，把注意力轉移到其他地方。幾分鐘後，心情應該就會雲淡風輕。

面對突發狀況引發的不安和憤怒，在「好」和「壞」之間，自我設定另一種判斷，人生就會更輕鬆自在！

真的不用凡事積極正向

近幾年因為新冠疫情，我的周圍有不少人出現心理失調。他們多數認為自己必須達到某些理想，如果無法達到，就會覺得非常失落。

很多人會陷入憂鬱，大致出於三大原因。第一種是戀愛、伴侶等私人親密關係問題，第二種是工作相關問題，第三種則是自我個性問題。因為私人問題精神消沉，連帶著工作也出了問題，三種因素互相牽連而陷入惡性循環的情況並不少見。

三種問題的共同解方，就是不必勉強自己凡事積極正向。

能夠積極的話，當然更有助於事情發展。不過，如果本身已經因為做不到，或是覺得給別人添麻煩，使得思考陷入一片混亂，要是再勉強自己「積極努力」，無異於自找麻煩，只會讓自己更痛苦、更無法積極吧！

尤其面對私人問題和工作，都會牽扯到對象，通常無法由自己單方面解決問題。問題如果出在個性，或許可以做某種程度的調整，換作是人際關係，就無法獨自解決吧。遇到這類問題，還要勉強自己積極處理，不是把自己搞得筋疲力盡嗎？

身為企業健康管理顧問，我在接受工作方面的諮詢時，以及給重要朋友建議時，一直都很小心，不輕易把「積極努力」說出口。

別人常說我「很積極」，其實我也有無法積極的時候。遇到這種情況，我不會勉強自己要積極面對，而是會像前一篇說的，把問題歸入「算了吧！」。

就像擦掉白板上的字一樣，把不必要的煩惱從腦海中擦去，重要的道理和真實的原因才可能顯現出來。憤怒、悲傷和懊悔等負面情緒也一樣，擱置一段時間之後，就可以大致平靜下來。

愈是個性認真、努力向上，或是責任感強的人，愈容易努力過頭。我想提醒大家，在自己狀態好的情況下努力，與不惜捨身勉強自己的努力，所獲得的成果將截然不同。

不必勉強自己凡事積極正向，偶爾也要適時放開手，讓自己喘口氣輕鬆一下，才更有精力邁向下一步。

Letter

消除不安的最好方法是什麼？

我四十二歲，是單身女性上班族。我很常因為情緒起伏哭泣，覺得自己好像不夠成熟，情緒不夠穩定。新冠疫情、職場頭銜、私下的不安等，種種因素加在一起，每次想起來就想哭。面對總是哭泣的自己，我該怎麼辦？

我身為運動醫學科醫師，發現不少運動員認為「請教心理相關問題，是不成熟運動員的表現。」本篇這位聽眾認為「哭泣表示不成熟、心理不穩定」，兩者的情況其實很類似。

日本的運動員尤其認為「說出內心不安，等於承認自己懦弱」，所以平常甚少運動員會前來諮詢。至於海外的頂級運動員，十分了解心理健康會影響臨場表現，所以多數在心情低落的時候，會主動尋求專家或專屬顧問協助。

我想告訴本篇這位聽眾，**哭泣是自然的身心反應，絕對不是壞事。流淚這件事，是**

自行消化情緒的一種行為，因為情緒波動引發眼淚，只有大腦前額葉發達的人類才可能做到。

世上也有不哭泣的人，這可能是他們會無意識地抑制眼淚。前一段提到的前額葉，也掌管了情緒和情感切換，由特定區域負責平息怒氣和抑制眼淚。因此，一直避免情緒性哭泣的人，可能大腦習慣切換情緒，所以抑制了眼淚。

哭泣也可能受到生理週期影響，不少女性接近生理期會因為善感而哭泣。如果生理週期還算穩定，可以觀察自己在什麼時候容易想哭。

人會因為喜怒哀樂而流淚，比起哭泣，本篇聽眾的問題應該是「感到不安」吧？關於這點，我再分享另一則來訊。

Letter

與對方以結婚為前提交往，大約半年前，經歷了非常慘痛的分手經驗。最近，好不容易傷口已經結痂，卻偶爾還會突然想起對方。那是一場不幸的戀愛，一回想就陷入悔恨和憤怒，覺得很痛苦。

想要擺脫這種情況，只有一種辦法：就是換個形式經歷相同的狀況，把原有的記憶覆蓋掉。

這位聽眾曾與前男友共度一段時光，從日常生活或特定事件，都會想起不愉快的回憶。假使她曾與前男友去過迪士尼樂園，迪士尼樂園就會成為她想起前男友的原因，可能就連看到迪士尼樂園的袋子也會想哭。想要改變這種情況，可以找其他朋友一起去迪士尼樂園玩，把先前對於迪士尼樂園的悲傷回憶，用新創的愉快回憶覆蓋上去吧。

想要轉換不安和悲傷的情緒，只能採取積極行動。多去幾次和前男友去過的咖啡店也可以。實際採取行動之後，應該會覺得「比想像中更容易跨過去」吧。

當然，如果眼下要採取行動還很勉強，那就再等等吧。不過，覺得自己做不到，往往是不安的來源，請一定要告訴自己：克服不安，其實比想像中容易。

給失戀痛苦者的建議

Letter

大約兩個月前，我和交往三年的男友分手了。他是我考慮結婚的對象，但他的年紀比我小，說將來打算創業，目前想集中心力在工作上。分手的時候不大愉快，我因為還喜歡對方，所以心情無法調適過來。我想振作起來，以後如果有機會再度碰面，我想讓對方看到我的成長。但是，某部分的自己，還無法完全死心。大家都說：「時間會解決一切」，但是我現在真的很痛苦。

某些時候，我總覺得人生看似許多事情出於偶然，但其實早在我們出生之前，就已經寫好劇本了吧？

我們覺得人生的方向由自己決定，其實一生要學習什麼、會成就什麼，都有遠超出我們意志的巨大洪流引導著我們。

就連人與人的相遇，也不是出於偶然，而是必然吧！

日本有超過一億兩千萬的人口，因為工作或興趣相遇的人只有滄海一粟，其中可以成為朋友的，只有更少數的有緣人。所以說，可以遇到想要結婚的對象，並且共度三年美好時光，已經非常難得了。

我們度過的時光，沒有一刻是白費的。交往三年的期間，除了體會到活著的喜悅，也一定體驗過痛苦和悲傷，在關係當中有所成長，本身也會發生很多改變。**這些人生經驗，都讓我們得到成長。**

雖然最後沒有走到結婚，但是往後的人生，還會再遇到新的對象，彼此成為伴侶，甚至一起建立家庭。經歷許許多多成長的自己，在下個階段還會開啟另一段關係。「經歷三年交往後的自己」，會吸引另一個人愛上自己，共創新的旅程——請不妨試著用這種角度看待過去三年的交往吧！

目前的你，心像被擰碎了一樣痛苦。如同前一篇說的，想要治癒失戀的傷痛，只有創造新的體驗才能撫平。請了解，這段時間看到任何事物，免不了都會想起與前男友共處的時光。

無論如何，有了這段經驗，想必讓你的人生經歷更加豐富。現在的你，可以好好思考以後想要怎麼做，以及能夠做什麼。**把目標放在新的邂逅和工作上，或是好好培養技**

能和興趣吧。

人其實往往比想像中堅強，**也許不是現在，但總有一天，你會「感謝」那段經歷。**

請讓內心的痛苦，成為未來的養分吧！

Letter

前男友還能當好朋友嗎？

我是二十三歲的研究生，前一陣子，前男朋友提出分手。交往前，他是少數與我無話不談的朋友，所以自然而然走在一起。某天，他突然對我說：「我有其他喜歡的人了，想和妳恢復朋友關係。」之後，我努力想像以前一樣，和他當無話不談的朋友，可是每次見到他，都無法好好說話。我無法忘記他，一想到就淚流不止。我到現在還喜歡他，一整天都在想：什麼時候才可以和他正常說話，怎樣才能像以前那樣和他自然說話？請問：要如何消除這種低落的情緒？

你現在一定處於最痛苦的時期。你說的無法忘懷和淚流不止，都是沒辦法的事，因為你現在還是很愛啊！很可惜，他內心的想法已經與你的不同調。

最殘酷的是，他竟然說：「想恢復無話不談的朋友關係。」所謂的「交往關係」，表示彼此擁有許多只有兩個人才知道的祕密。換作是朋友關係，彼此有不知道的事情也很正常。現在，他和喜歡的人交往了，當然有你不知道的事。

在他的新對象出現之前，或許有可能真心與你維持無話不談的朋友關係。不過，這必須要彼此的情感對等。當一方的感情深，另一方並不這麼想時，感情深的一方就會痛苦。

至於恢復朋友關係，如果情緒還沒調整好、無法平靜面對的話，根本就很難做到吧！無論開心或討厭的事，想讓各種經驗變成美好回憶，內心變得雲淡風輕，應該需要花上一些時間，有時需要以年計。

當他說：「我有其他喜歡的人了」，對你的感情已經轉淡了，有了新的目標，而且更在意對方。無論如何，你都要有心理準備，你無法馬上變回他的No. 1，以後或許也不可能。

目前暫時不要與對方聯絡，或許可以更早恢復心情。如果繼續碰面，持續體驗「明明以前都送我回家」的今昔對比，可能只會覺得更加失落。**你現在可以做的事，就是盡可能不要和對方聯繫，把深愛的心情珍藏心中，告訴自己：不要聯絡、不要見面。努力一段時間之後，或許就可以把喜歡的心情轉換成珍貴的回憶。**

重整心情之後，重新尋覓一位好伴侶，就會產生正向情緒。此外，**不妨把花在戀愛上的心思，挪一些用於嘗試人生的新事物吧！**

Letter

真的好羨慕呀！如何看待光鮮亮麗的社群媒體？

我是五十幾歲的家庭主婦，stand.fm 等社群媒體就像我的精神糧食，我最近看到那些耀眼的年輕人，不禁覺得羨慕又嫉妒。現在這個時代，大家都可以像藝人那樣發文，看到別人擁有我沒有的東西，我就覺得好羨慕！我知道這無關年齡，大家都可以發文。我把孩子拉拔長大，也覺得自己努力至今很了不起，但我還是很羨慕那些人，甚至覺得有點痛苦。我該怎麼辦？

近年，**不少人都討論過如何看待社群媒體，我的建議是不妨親自嘗試經營看看。**本篇的聽眾覺得別人在社群上的發文很光鮮亮麗，因為自己好像比不過，所以感到煩惱。我推測，她本身在其他方面應該沒什麼煩心事吧。有時間的話，不妨親自嘗試經營社群媒體，應該會有各種體悟吧。

初學者能夠輕鬆上手的社群媒體，可以考慮使用看看Instagram（ＩＧ）。我的ＩＧ幾乎都放情境照片，在我使用的社群媒體裡，ＩＧ是「最沒有作用」的一種（笑）。不過，ＩＧ很適合放可愛的、有情境的東西，也可以放美食照和旅行照片，適合展現光鮮亮麗的一面。話說，ＩＧ本來就是用來上傳美照的，看起來當然很光鮮亮麗啊！

我推薦的發文形式是「特定主題」，只針對特定事物發文。比方說，我的朋友有人專門發「翻白眼」的大頭照（笑）。在眾多美照的發文中，默默針對單一主題發文真的很有趣。即使不是什麼特別的事物，隨便發一張茶杯的照片也可以。不少人把ＩＧ當成搜尋工具，透過#進行搜尋，很可能會遇到有相同興趣的人呢。

我最喜歡的社群媒體是推特，推文有一百四十字的字數限定，我通常用來記錄事情。我現在還是會持續使用推特，平常用來和網友輕鬆分享訊息。上雜誌或節目的相關資訊，我也會在推特上發文。臉書則是我用來跟現實生活中的朋友交流的平台，我通常會用來寫日記。

我要提醒大家，社群媒體只是日常生活的一部分而已。我們看了社群貼文，往往覺得很棒、很羨慕，但很多美照都可以後製，即使看起來很自然，說不定也花了很多功夫。而且，**所謂的「光鮮亮麗」是由自己界定的，不是每個人的看法都一樣。社群貼文**

呈現的只是片段而已，如果無法調適心態，這樣還是覺得嫉妒又痛苦的話，最好的辦法還是遠離社群媒體吧。

以前確實無法像現在這樣，可以隨手輕鬆發布自己的想法。不過，我覺得在十幾、二十歲時，還好有手寫日記和紙本相片可以留下紀錄。以前時代有以前時代的好。時代一直不斷進步，以後也會陸續出現新的社群媒體。大家可以樂觀其成，要不要嘗試使用，可以自己決定。面對社群媒體，還是輕鬆看待就好。

轉個彎，把別人的影響轉換成正能量

我工作的診所有很多國、高中的運動員來看診。前一陣子，有位年輕患者跟我說：「媽媽太偉大了，我不是對手。」「偉大」這個形容詞聽起來很正面，但在話語中透露著一點負面意思。

其實，像這種「媽媽太優秀，女兒很渺小」的情況很多，我常遇到看診時母親跟著來，主要都是母親代為發言的情況。這時，我都會盡量請本人發言，但是身為「同性大前輩」的母親，影響力還是非常大。

仔細想想，母親和女兒的年齡一般相差大約二、三十歲。母親的立場看似很偉大，但是從人類的歷史來看，這樣的年齡差距根本微不足道。以出社會戀愛、就業、煩惱生計的工作年齡階段而言（十五歲～六十四歲），兩者在年代上的相差也不算大。

回想大學時代醫學系運動社團的六年級生與一年級生，年紀相差了五歲以上的前輩，差距顯而易見。零歲新生兒與五歲的孩子，以及超高齡者的五歲之差，也不可相提並論。然而，出了社會我們通常發現，年齡相差五歲左右，基本上好像差異不大。

對於本篇開頭那位年輕患者來說，母親說的話還有給的壓力，都對她造成很大的影響。這種影響也可能延續到下個世代，因為我們下意識會自動內化自身經驗，表現在言行當中。

所以，我們要時常覺察自己接收到什麼樣的影響。以該位年輕患者的情況來說，母親給她的影響有好也有壞，她應該學習客觀看待。

我們說出口的話，也會影響大腦。我們持續說出同樣的話，代表我們重複著相同的思考模式。相同的思考模式，讓我們只能說出相同的話。

也就是說，言語對大腦具有相當影響。**對於發生的事，選擇說出正向話語，大腦自然會形成正向思考模式。反之，下意識說出負面話語的人，大腦極可能產生擔心、不安和恐懼等負面情緒。**

如果覺得父母帶給自己負面影響或沉重壓力，請一定要記得提醒自己：「我不要用同樣的方式對待別人，或是我自己的孩子。」

我們看一個人，往往只是看到一部分而已，對方有我們不知道的另一面。**即使某個人讓你覺得討厭，或許從另一個角度來看，他可能人還不錯。請把這個觀念放在心上，試著把別人的影響轉換成正能量吧！**

如何提升抗壓性？

Letter

我是六十幾歲的女性。最近，我的愛犬身體有恙，我的身體也跟著出狀況。直到現在，我仍然困擾於壓力引起的過敏性腸炎和自律神經失調。有沒有方法可以提升抗壓性，保護身體不受傷害呢？

首先我想說，我們周邊重視的人事物，無形中都會對我們產生影響。

比方說，某位家人的情況不好，我們的煩惱當然也會變多。生病或受傷可以透過醫藥治療，但是心理失調或無法確定病因的身心不適，尤其會讓家人擔憂吧！

當大家都很平安時，我們不大會意識到「周圍的人狀況都很好，所以我的狀況也很好。」一當自己被周遭人的狀況不佳影響時，可能才會發現自己接收了周圍的負面影響。

周遭的人如果每天都很順利，一定可以對我們的心理產生正面影響。大家各自維持自立且正向的生活很重要。

心理影響生理，導致腸胃不適的過敏性腸炎，以及自律神經失調，主要原因出於一天二十四小時當中，交感神經活躍的時間過多。

我們的內臟機能由自律神經控制，當感受到壓力時，交感神經處於活躍狀態，血管會收縮使血流減少，內臟機能跟著變差，導致身體出現各種問題。人的身心為一體，心理問題也會影響健康。很多人覺得身體不舒服，後來意識到是心理出了問題。

未成年的孩子和寵物都是「需要保護的對象」。一起生活固然開心喜悅，既然選擇成為照顧者，同時必須積極負起照顧責任。

至於如何抵抗周遭的壓力？最簡單的方法，就是「不要太在意別人」，只管從自己的立場考慮怎麼做就好。這種「自我中心」的模式，最不容易受到壓力影響。

有些壓力會帶來正面影響，比方說「為了考試努力用功」，就是讓人積極努力的壓力。不過，如果壓力太大，或是持續的時間過長，就會產生負面影響，令人焦躁不安。

想要提升抗壓性，就是不要一有什麼事就感到壓力，也就是培養「鈍感力」。偶然看到的語句、情景和社群貼文，都與自己毫無相干，看過就忘。在眼前加上大大的篩網，過濾掉無關緊要的東西。只要內心保有這種意識，「不在意」的事情就會變多。有意識地加上篩網，只在乎重要的人的意見，最後留下重要的訊息就好。

壓力對身體的傷害，每個人的情況都不一樣。如果本身很容易受到壓力影響，就要更加學習客觀看待事物。**如果已經盡量客觀了，仍然對眼前的事物感受到強烈的壓力，不妨透過忘記、睡覺，或是忙別的事情來轉換心情，盡量讓自己脫身也是一種有效方法。**

Letter

當重要的人去世，我們能夠學到什麼？

貓奶奶和我們共同生活了很長一段時間，我和丈夫一起照顧牠，牠的死亡帶給我們難以想像的失落感。我們只能坦然接受悲傷，讓時間療癒一切，總有一天我們可以笑著說出美好回憶。這段時間，我們八十幾歲的父母，也到了需要照護的階段。丈夫因為工作關係經常接觸死亡，也會遇到許多經歷親友死亡的人。如何度過親友死去的悲傷，醫師可以分享自身經驗，給我們一些建議嗎？

本篇這位聽眾經歷了貓咪家人離世，不少人都經歷過「喪失寵物症候群」（Pet Loss），有些人甚至覺得內心突然破了個大洞，失落無比。雖然寵物不一定都會被視為家人般愛護，但如果人生中有寵物相伴，請務必陪伴寵物走完一生。

我在大學醫院時期負責婦科癌症，真實經歷過許多病患死亡。之前，同屬社會業餘壘球隊的朋友因為子宮頸癌過世，一起上健身房鍛鍊的二十多歲友人也因為肺癌過世。

我也經歷過自家爺爺奶奶、丈夫的爺爺奶奶過世。除了工作場合，日常生活中偶爾也會接觸到死亡。

就我的經驗而言，悲傷的時候，就全心投入悲傷吧。**想流淚的時候，一定會忍不住掉淚，不需要過度壓抑。還無法完全接受事實吧！心裡有清楚的認知就好。**

一時之間，對貓咪的離世，還感到悲傷不捨。不過，總有一天會釋懷，可以平靜地想起與貓咪相處的生活點滴。能夠永遠留在家人心中，對逝者來說是一種幸福吧。能夠偶爾想起，也是一件非常幸福的事喔。

留在世上的人，可以多感念逝者的好。感謝之情有助於降低心跳，使內心變得平穩。總有一天，我們可以淚中帶笑地回憶往事，情緒也會一點一滴地恢復平靜。

在我的眾多經驗中，在親自確認朋友或患者過世的瞬間，腦中浮現的都是他們健康時笑著的模樣。我與對方在今生相遇，他們一定為我的人生帶來影響。選擇用利於人生的角度，正向看待他人的死亡。

總有一天，我們也會迎接死亡。那一天或許是今天，或許是五十年後。**死亡何時到來，我們無從得知。正因如此，在迎面而來的下一個早晨，以及正在度過的此時此刻，我希望可以讓它對自己、對周圍重要的人和社會上的某個人而言，都變得更美好。**我決定朝著這個目標努力。這就是逝去的人們帶給我們的啟示。

讓心穿上盔甲，培養「鈍感力」

Letter

我是四十四歲的女性。我習慣把周圍發生的事和別人說的話，通通套到自己身上，以為別人都在講自己。隨著年齡增加，我了解這種習慣有時會讓自己很痛苦，但還是改不了習慣，經常讓自己陷入痛苦。為了「讓心穿上盔甲」，請問您都怎麼做呢？

「讓心穿上盔甲」（心に鎧を着せる）的說法，應該是來自NHK的晨間節目《朝一》（あさイチ）吧。**在日常生活中，當我們感覺自己有可能受傷，通常會無意識採取自我防衛，這就是「讓心穿上盔甲」。**

我從什麼時候開始學會「讓心穿上盔甲」的呢？這要從我在國中時遭遇霸凌的不愉快經驗說起。當時，我學到人會因為他人而受傷，即使不是透過暴力這種明顯的外力手段，言語、行為和文字都可能讓心受到傷害。面對這種情況，我思考該怎麼辦，自然學會了最好的方法，就是讓自己的心變得遲鈍一點。當時的我，努力讓自己的心變得遲鈍一些；三十年後的今天，我已經可以不用努力就能輕鬆做到。

「鈍感力」是作家渡邊淳一筆下的知名語句。能夠自然做到「鈍感力」的人，或許都曾有過痛苦的經驗，為了保護自己，才學會這種自保的手段。這類經驗真的很痛苦，我希望任何人都不要有。

「讓心穿上盔甲」，使感受變得遲鈍，具體該怎麼做？**方法就是轉移注意力，例如：「花好美喔」、「雲好漂亮」，刻意將注意力轉移到別處，就可以讓自我意識脫離正被攻擊的狀態。**

不只是心靈受傷時，感受到憤怒的情緒時也是一樣。生氣的時候，不妨轉移一下注意力。有效駕馭這種能力的話，下次再碰到令人生氣的事情，一定會發現怒氣指數降低了許多。

再來就是，對「自己可能會受傷」這件事，要有心理準備。舉個例子，信任的人或家人對自己講了傷人的話，如果內心毫無防備，受到的衝擊就愈大，就像從〇到負一百那樣落差很大。但如果預先有「可能會受傷」的心理準備，就像把原點從〇稍微調整到負值。感受的落差愈小，回復心情的時間就愈短。

第三種方法，就是稍微讓自己抽離，用客觀的角度看自己。我會想像我的斜上方還有一個自己，俯瞰自己，評估「現在覺得受傷、可能會受傷。」很容易把周圍意見套在自己身上的人，可以透過這種自我俯瞰的視角，練習「把與自己無關的事物看過、聽過，然後略過。」

如果一旦受傷和生氣，就很難恢復平常心，可以盡量事先避免。這些都是自我防護的方法，**「讓心穿上盔甲」，是為了守護自心而預先做的心理準備。**

Letter

改變慣性思考的兩種方法

看了高尾醫師在晨間節目《朝一》的談話，我覺得必須改變一直以來的慣性思考。我自覺認知扭曲，即使想用不同的方式思考事情，又會陷入新的慣性思考，無法自拔。所謂的「慣性思考」，要如何修正才好？

前一陣子上節目，我說的是：「人的思考迴路經常一成不變。盡可能轉換成輕鬆的慣性思考模式，就能讓生活更輕鬆愉快。」

談論「慣性思考」之前，更重要的是看事情的方式。對於發生的事，我們首先會接收到大腦，然後產生自我思考，因此「如何看待事物」才是根本問題。

如果看待事物的角度很負面，思考迴路當然也會跟著變負面。不斷重複相同思考，自然就會形成習慣，最後變成慣性思考。

本篇這位聽眾表示想要修正慣性思考，其實看待事情的角度，全憑自己選擇。

改變慣性思考的第一種方法，首先得觀察自己容易出現哪種思考傾向，再列舉幾種

想像得到的心境。

舉例來說，看到小鳥停在樹上的常見景象，請試著觀察自己會怎麼想。「好難得、好漂亮！」，這種想法屬於正向思考。反之，「鳥糞會汙染街道」，就是偏向負面思考。

大腦無意識的傾向，就是自己看事情的角度。看事情的角度可以由自己決定，請盡量選擇正向的情緒面對。

煩惱自己總是負面思考的人，或許是想不到正面選項，才又下意識維持負面思考。不妨對自己的內心，進行一次整頓和盤點，才會讓想法產生變化。

改變慣性思考的第二種方法，就是改變日常生活中的說話方式。

內心出現的話語也一樣。舉例來說，「好累」→「我超努力」；「不可能做到」→「難度很高，但搞不好做得到」；「好麻煩」→「努力看看吧！」請試著換成正向語句，持續堅持這項改變，腦中自然會浮現積極的話語。

受困於腦中的負面話語無法脫身，有過痛苦經驗的人最清楚。

我們難以改變腦中的想法，但可以改變日常生活中的說話方式，然後持續做下去。就像用馬克筆多畫幾次線就會變粗，**持續正向的說話方式，一定更容易形成正向的思考迴路。**

高敏感族（HSP）怎麼辦？

Letter

我有點心理問題，偶爾獨處的時候，會覺得很累、很沉重，然後身體完全動不了，就像電池突然沒電一樣。我是傾向高刺激尋求型（HSS型）的高敏感族，一點小事就會過度反應，所以不大看電視新聞。身處大自然和運動會使我身心放鬆。針對我們這類人，醫師有什麼好建議嗎？

近年，經常聽到「高敏感族」（Highly Sensitive Person，HSP）一詞，也就是天生對刺激很敏感的人。高敏人「神經纖細」，不善與人交往，對許多事情都容易反應過度。

這裡介紹一份測試自己是不是高敏感族的自我檢測量表（Highly Sensitive Person Scale日本版／HSPS-J19）。十九項問題當中，如果符合十項以上，很可能就是高敏人。我覺得這項測驗有助於改善自我行為，大家不妨測試看看。

☐巨大聲響或雜亂景象等強烈刺激，會感覺煩躁

□對巨大聲響感到不快
□一次發生好幾件事，會感到不快
□自己周邊發生許多事情，會使情緒加倍煩躁
□明亮的燈光、強烈的氣味、粗糙的布料或附近的警笛聲，都會引發不適
□生活持續忙碌，會想找張床或陰暗的房間待著，或是逃到刺激少的地方
□一下子被委託許多事，就會覺得焦躁不已
□短時間內必須完成許多事，就會驚慌失措
□容易受到他人影響
□容易受到驚嚇
□比賽或受人注目，會因為緊張而無法發揮實力
□容易被強烈的刺激壓垮
□對疼痛很敏感
□小時候，曾被父母和老師說「很敏感」或「很害羞」
□生活產生變化就會焦慮
□喜好細緻的香氣、味道、聲音和藝術作品

☐對自己很誠實
☐對美術和音樂深受感動
☐內心世界很豐富

我覺得自己不屬於敏感類型。回答前述的檢測量表，我雖然不大喜歡明亮的光和強烈氣味，但如果一次同時來很多事情，或是周邊發生了很多事，我會覺得很興奮。我會在意別人的情緒，但不會受別人左右，符合的項目很少。

高敏感族也有「高刺激尋求」（High Sensation Seeking，HSS）的類型，正如本篇開頭的那位聽眾。敏感卻追求變化刺激，也就是集相反特徵於一身，富有挑戰精神，又具有創造力。高敏感卻又追求高刺激，想必很容易疲憊吧！

如果像本篇聽眾那樣突然斷電無法動彈，在社會上應該會給周遭人帶來麻煩吧。因此，**HSS型的高敏人，為了避免在人際關係中太累，應該為自己安排多變又可以得到休息的環境。讓自己舒適自在，並學會過濾資訊，只接受讓自己愉快舒適的刺激。**

我不是高敏感族，但應該算是高刺激尋求型。面對嶄新又令人期待的刺激，我願意耗費勞力、時間和心力。其實，刺激會帶給我新想法，對我的工作很有幫助，所以我覺得刺激是好事。另一方面，也有我覺得不需要改變的部分，比方說飲食、居住環境、工作環境和人際關係，維持不變才讓人安心愉快。當然，當我想要成長時，也可能調整人際關係、時間的運用方式和環境。基本上，不需要改變什麼或想要接受什麼新變化或刺激，我心裡自有打算。

了解自己是哪種類型的人，接受能讓自己成長的刺激，才能讓生活過得更加充實豐富。

維持心理安定的四種習慣

Letter

我年過四十五，有兩個孩子。從以前開始，我的心理狀態就不穩定。工作上被指責，就會意志消沉。體重增加心情鬱悶，對待孩子很沒耐心，整個人陷入自我厭惡……。如何才可以像醫師一樣，總是維持心理安定呢？

心理狀態與「心理彈性」（psychological resilience）高度相關，每個人的心理抗逆力強弱確實存在著差距。經歷同一件事，有些人感覺不到壓力，有些人強烈感覺到壓力、覺得沮喪，這很正常。

每個人都有情緒波動，大家在線上聽到的我，只是一天二十四小時裡幾十分鐘的我而已。我不是一直都保持心理安定，偶爾也有小沮喪、悲傷和懊惱，當然也有非常開心的時候。問我身邊的人，他們應該會說：「醫師的情緒沒那麼安定」吧！（笑）

我平時就很注意一件事，就是盡量不要讓情緒波動太大。開心、喜悅和快樂的高昂情緒，會帶動周圍的人產生正向情緒。換作是低落情緒，卻不會為自己和周遭重要的人帶來好影響。心情低落時，身邊的人不明所以，不懂自己是生氣還是悲傷，連累大家不安，心情又很差。

因此，當我情緒不佳時，都盡可能讓自己獨處（當然，即使我情緒不佳，身邊的人也會正向地陪我度過吧。）當我們接收到令人衝擊的訊息，情緒免不了會受到影響，可能因為拒絕接受而產生抗拒心理，也可能接受事實，然後修正狀況。遇到這種情況，直到心情平復為止，我都會暫時讓自己獨處。

第二件事，為了不讓自己受到負面情緒影響，我習慣用客觀的角度檢視自己。

就像瑜伽講的「三昧」，不生出負面情緒和負面言語，常保幸福狀態。不過，這無疑是修行的最高境界，我們凡人不可能達到（笑）。在日常生活中，我會盡量避免自己產生低落情緒，某種程度上這等於壓抑自我情緒。當我的情緒上來時，我會用抽離的角度檢視自己。這麼做，我可以用客觀立場描述自己的狀態和情緒，知道下一步該怎麼做。

此外，**我建議大家的第三件事，就是說出自己的負面情緒、尋求理解，或是寫下自己的情緒**。現在的心情是低落、憤怒還是悲傷，往往很難說出口，但請不妨試著把目前的狀況和情緒說給適當的人聽。

如果找不到人傾訴，把心情寫在筆記本上記錄下來，也是情緒宣洩的出口。這些話不需要給別人看，應該避免發到社群。把情緒寫下來自己看，藉此整理情緒。

最後一件事，就是要知道怎麼讓自己的心理恢復安定，也就是知道如何讓你的心情放鬆自在，例如：和誰在一起比較好，或是選擇躺在床上看書等。我的話，放鬆的方法就是開車去兜風！處於半冥想狀態，也就是大腦神經活動的「預設模式網路」（default mode network）狀態（例如：放空、做白日夢等），這種狀態經常讓人啟發新思維，也常讓人覺得幸福自在。

在日常生活中，多做有助於心理安定的事，或是盡可能增加幸福時光，應該有助於情緒常保安定。

本篇開頭的那位聽眾年過四十五歲，要照顧孩子、也要工作，應該經常睡眠不足吧，也可能出現更年期不適的情況。要是睡眠不足，可以在週末好好補眠。如果進入更年期，某種程度的不適也無可避免，可以尋求如何改善更年期症狀。

無論如何，當情緒不穩定時，請不要用負面角度看待，想成「只是狀態沒那麼好而已，我還扛得住。」每個人的狀態都不一樣，如果大家可以互相體諒支援，社會將會更美好。

把狀態維持好，心也會跟著正向

在日常生活中，每個人都有「狀態非常好」的時候，當然也有「狀態不佳」的時候。

偶爾，我半夜會被貓咪們踢到，就會被吵醒（笑）。一覺好眠的早晨，與半夜醒來再也睡不好的早晨，狀態當然完全不同。

很多人都一樣，當手指出現一點肉刺，或是嘴破的時候，明明沒什麼大不了，卻總是覺得心情有點不美麗。尤其是女生，偶爾還會因為生理痛而無法出門。

每個人的狀態，都會受到周圍環境的影響。如果另一半的狀態不好，自己的心情也會受到影響。需要守護的年幼孩子，一旦身體出狀況，總會讓我們擔心不已。即使成年以後，看到他們無法自立，也會憂心焦慮吧！

除了人際關係，電車誤點、飛機誤點、颱風來襲，或是無所不在的病毒，都是令人不安的因素。放眼世界，多的是無法靠自己努力解決的事。

種種因素的影響之下，在自己狀態好與不好的日子，假設分別發生了同樣的事，比方說狀態好的時候，同事犯了一點小錯，也許就會用較為正面的態度表示：「真是沒辦法！大家一起幫忙補救吧。」換作是狀態不好的日子，比方說正在為孩子的事情煩惱，或是睡眠不足、精神恍惚時，很可能會一時失言說出「真會找麻煩！」這樣的話。

即使發生同樣的事，我們的反應取決於當下的個人狀態，所以我們有責任讓自己維持在比較良好的狀態。

我不斷提醒大家，日常生活要注意「睡眠充足、想法正向、適度運動、想吃的東西要找合適的時間適量吃。」**人比較能夠控制的，也只有自己的狀態，保持理想狀態才會產生正向思考。**每個人若能保持理想狀態，這個社會會更加和諧吧！

「高尾醫師的話很有道理，但是我的情況太糟，很難做到」，我經常收到這樣的留言。非常遺憾，以我目前的能力，確實還無法改變大家的處境和現狀。我真的很想多幫助大家，但是我的建議或許只能幫到「日常生活中有點小困擾」的人吧。

儘管如此，如果有人聽了我的分享，內心能夠稍微得到慰藉、想法變得更正面，或是覺得「改變了一直以來的想法」，我會感到無比欣慰的。期待各位從我的分享得到一些新想法並付諸行動，讓明天過得比今天好。我就是抱著這樣的想法，所以每天持續發布廣播。

「人為什麼而活？」善用想像力自我管理

「人為什麼而活？」，我想談談這個沒有標準答案的問題。

我們為什麼活著？最簡單的原因是：「因為被生下來了。」我們活著，是因為被生下來了，這是一個既定事實。至於活著的「意義」，我覺得「根本沒有標準答案」，而且在一生中可能也沒辦法獲得真正滿意的答案。

黑猩猩與人相似。一般認為，人類由猴子演化而來。不過，黑猩猩的研究專家表示，其實「黑猩猩不會煩惱」，即使受了傷、身體動不了，衰老無法取得食物，或是知道自己死期將近，牠們都滿不在乎。

我們與黑猩猩有何不同？簡單來說，「人有想像力」這點是其一。對人類而言，想像力是一種珍貴的能力。不過，也因為想像力，人類可以「想像」自己的事，還有自己和別人的未來，所以會產生各種不安，甚至質疑「自己為什麼活著？」明明沒有標準答案，人還是一味思考和煩惱人生的意義，有時導致看不見其他事物，一切都因為人擁有想像力。

我們經常煩惱，比方說與別人說話時，感覺對方好像有點不悅，就自行想像「搞不好惹對方生氣了。」面對陌生人也會產生煩惱，例如搭電車的時候，看到眼前的人「莫名令人討厭」，就心生焦躁。總之，想像力確實為我們帶來煩惱。

幸好，**我們可以學習善用與生俱來的能力，把想像力當成工具，運用想像力讓自己處於理想狀態，這等於是自我管理。**換句話說，我們會產生負面情緒，是因為不懂得妥善掌控自己的想像力。

當我們陷入消沉，煩惱到不知如何是好，甚至覺得「不想待在世上」時，不妨轉個彎思考「都是我們的想像力使然。」請記得提醒自己：「我可以做不同的想像」，嘗試轉移到其他思考。

最後，我想提醒大家，與人見面時，在分開之際，我們經常覺得「下次還會見面」，但其實應該提醒自己「可能沒有下次見面了。」人生有很多意外，我們不知道今天、明天或後天會發生什麼事。

如果能有這種自覺，分別時我們可以用溫暖、溫柔的心意與對方道別。比起不歡而散或敷衍地掛上電話，與對方相處的時間結束時，可以表示：「今天的會面真愉快！謝謝你一直以來的照顧。祝你健康，期待下次見面。」
這種表現，正因為我們是「人」才可以做到。

Chapter 3

理想的人際關係

記得二七一法則，人際關係輕鬆自在

Letter

我是一位四十出頭的女性，對人際關係感覺疲憊。為了讓周遭的人愉快，我都盡量配合大家，卻在先前的職場被交情要好的同期女同事背叛，使得我在公司遭受霸凌。從那之後，我就心灰意冷離職了。到了現在的職場，大家都覺得我很難相處。我很努力想要融入大家，但是真的好累。這樣下去好嗎？我不禁對人和組織產生抗拒。我該如何改變目前的想法？

本篇這位聽眾會厭倦人際關係，原因之一是原本以為合得來、交情好的人，其實根本和自己想的不一樣。其實，我們要有「合得來的人本來就不多」的心理準備，這樣看待人際關係才會輕鬆，不必要的煩惱也會少掉很多。

很多人都覺得我「看起來人際關係良好」，但我平時一直都有「合得來的人本來就不多」的想法。

看看自己身邊比較親近的十個人，可能有兩個很合得來，一個很合不來，剩下的七個沒特別感覺，不好也不壞——這是人本主義心理學之父卡爾．羅傑斯（Carl Rogers）主張的「二七一法則」。

這項法則特別適用於網路世界，舉例來說，YouTube等平台有「喜歡」和「不喜歡」的按鈕。原則上，大部分的人一般都沒什麼特別反應，不會特別按下「喜歡」的按鈕，相當於「二七一法則」當中的「七」。對絕大多數的人來說，大部分的人都可以偏中立看待，沒什麼利害關係、不好也不壞，不需要與他們建立堅實的信賴關係。

會特意按下「喜歡」點讚的人，基本上應該是很欣賞我們的。反之，對於特別按下「不喜歡」點倒讚的人，就不妨想成對方「竟然會特別為自己採取行動」吧！

釐清誰才是與自己合得來的「二」，才是人際關係中最重要的事。如果被無關緊要的人背叛，只是從〇的心情稍微扣點分。要是被關係良好的人背叛，原本的正面印象一下子變成負面，情緒落差非常大，就會像本篇的聽眾那樣，內心留下極大創傷。

因此，**不必因為對方是同期、同性、同年紀等就逕自敞開心房交往，共同經歷許多經驗、經過一段時間相處之後，看清楚哪些人真正值得交往，再敞開心房建立信賴關係吧。**

至於其他多數人，對自己沒有太大的利害關係，不大會對自己產生特別的影響。**只**

要記得：十人當中就有一位「合不來、討厭自己」的人，面對人際關係心情就會輕鬆許多。如果遇到可貴的經驗，就更令人感激。

每當你為人際關係煩惱的時候，請一定要想起「二七一法則」。

Letter

職場上的善心和不善心

我年過二十五歲，從事專門職業，目前正在請育嬰假。我的職場全是女性，經常聽到前輩們抱怨同事，讓我覺得很痛苦，很擔心別人是不是也這樣講自己。同事之間的團隊精神很差。有關消除職場上的人際關係煩惱、度過愉快的職場生活，高尾醫師有什麼好建議嗎？

我們醫療產業也會遇到相同問題。從事專門職業，一旦就職就不大會變動，婦產科的職員尤其以女性為主，有時候會覺得多幾位男性一起工作會更好。我在職場上有相當資歷了，可以分享一下我的工作心得。

首先，**我認為「每個人都有善心和不善心。」**職場上的「善心」部分，就是精進自己、幫助別人、擁有和諧共處的協調性，大家都期待擁有善心。相反地，偷懶、傷害他人、工作馬虎帶過的想法，是大家都想盡力隱藏的黑暗面吧。無論是聖人君子還是普通人，只要是人都有這種「不善心」。

站在前輩的立場，我經常告訴自己，要為新進同事營造友善的環境，讓他們沒有機會發揮「不善心」。**身為前輩的我們，打造友善的環境迎接新人，新人到了友善的環境，自然變得只會發揮善心，更能夠在職場上與大家共同努力。**

不過，本篇這位聽眾是即將重回職場，很難改變既有環境。總有一天，本篇的聽眾也會變成資深人員，在那之前，只得再多忍耐一下前輩的抱怨吧！

那麼，**聽到不想聽的話，應該做何反應？我建議不要附和對方，回答一句：「是這樣啊？」，巧妙地把話題結束。**這樣做，對方就會愈來愈沒有機會講人壞話，也可以主動防止壞話傳播出去。只要多一、兩個人採取這種回應方式，整個職場就會變成難以發揮不善心的友善環境。

抱怨是發洩情緒的一種方式，或許在溝通上不可或缺，但如果抱怨變成常態，就會降低組織的士氣和表現，這在職場上絕非好事。看在新人眼裡，會對團隊合作產生負面觀感。

組織愈大，意見愈難一致，溝通也會變複雜。不過，無論職場多大，也都是由許多小團體構成的。

我們要盡可能建立友善的環境，接納新人。大家也要思考「自己希望在哪種職場環境工作？哪種職場才可以發揮長才？」，並從自身做起，共同打造容易發揮善心的環境和團隊。

Letter

同事很愛賣弄，該怎麼辦？

我是四十多歲的女性，同事偶爾會對我賣弄自己很了不起。當我準時下班時，他會說：「好羨慕妳可以準時回家！我好忙，今天還得跟○○先生（公司的重要人物）開會呢！」偶爾還會用「只有『我』才知道」的語氣說：「妳可能還不知道，我們團隊有新人要加入喔。」有時，他還會很臭美地說：「○○先生好厲害，其實我也很棒！」好煩呀！我是不是反應過度了？

近來，「マウンティング」（mounting，顯示優越性）這個外來語，變得廣為使用。應該是從綜合格鬥技中的「騎乘狀態」（mount position）轉化而來的吧，表示透過蔑視對方的言行，顯示自身的優越性。

最常被拿來說嘴的就是學經歷、年收入、物質、財富、人脈等經濟條件或社會地位。你應該很常看到有人特地提起自己認識有名的人，或是在社群媒體上發布名牌精品等照片吧。

像我們這種專門職業，最常見的就是賣弄知識。遇到那些誇示自己知識淵博，甚至不懂裝懂的人，很多人都會感到不快吧。在這裡，剛好順帶講點題外話：想要表達什麼，不是「有講就好」，要「對方真的理解」才算達到目的，尤其在表現知識時，一定要考慮對方的立場和理解程度才行。

在言行上貶低他人、刻意無視對方，或是像本篇那位聽眾的同事那樣，很愛強調自己有多重要，這種情況其實很常見。

為什麼人會想要賣弄？應該是缺乏自信。透過展現優越感，好讓自己處於上位。他們想被尊敬、被佩服，心腸不好的話，看到別人失敗還很高興，這種人根本讓人不屑一顧。

此時，你或許已經想到應對辦法了吧？就是盡量避免交流，保持適當距離，非必要不與他們打交道。有些沒自信的人，說話時不敢看著對方的眼睛。如果遇到這種虛張聲勢的人，不妨看著他們的眼睛，表達自己的想法。

如同前一篇的應對方法，可以巧妙地用下句點的方式結束對話。比方說，「原來如此！」、「這樣啊」、「那真是太好了呢」等，澹然表示自己不感興趣。對於難以領情的建議，可以很有風度地回覆：「謝謝你的指教。」面對經常跑來賣弄一番的人，適度表示「聽到你這麼說，我很受傷呢！」也無妨。如果與對方是上下關係，對方的態度有可能構成職權騷擾，一定要採取相應的處理。

總之，就是不接近、不接觸、聽過就忘，還有避免認真回應。面對愛賣弄的同事，這些都是正確的回應方式。

好心提出的建議不被採納時

Letter

我是四十歲的男性，過去曾因為憂鬱症辭掉工作。我習慣把自己的價值觀強加在別人身上，該怎麼辦才好？我告訴對方：「這樣做會更好」，自以為好意，卻又不一定幫得上對方。我很後悔把話說出口，說了無法改變狀況，也讓我感到壓力。我告訴自己，對方有求時再給予建議，但又覺得「明明這樣做，事情會更順利！」，結果就開始焦慮了。

把自己的價值觀加在別人身上，發現建議沒被採納就會產生壓力的類型，多半是事情看得比較遠的人。很多場合都需要有遠見，團隊裡有這種人幫助很大。不過，有遠見的人往往與周圍的人的速度感不同，經常跑在大家前面。

我想提醒這樣的人：**我們看到的，只是情況的冰山一角而已，尤其大家只在工作上有所交集，無法全面了解對方，一定有很多事情與自己想的不一樣。**

某些同事「看起來」好像腦袋空空，或許人家也有自己的計畫和準備。建議是否有效傳達給對方，讓對方產生改變，甚至讓對方覺得感激，都取決於傳達時機。

還有一件事很確定，那就是與對方的關係愉快，事情進展才會順利。**如果有建議和意見希望對方採納，要在對方最容易接受的時機點說，對彼此造成的壓力最小，事情也容易往好的方向發展。**

Letter

面對不公義，要有切斷負面連鎖的勇氣

我女兒就讀護理師專門學校，我想請教的是關於女兒的事。女兒知道讀護理學校很辛苦，所以對課程安排、教養和技術面的嚴格訓練全盤接受，也很努力。不過，學校的老師們不把學生當人對待，固執又不講理，女兒無法忍受，情緒不穩時甚至會說：「我想放棄」，身體狀況也不好。我想告訴她，放棄也沒關係，又希望她可以把自己選擇的路堅持走完。取得護理師執照是一項優勢，我支持女兒繼續努力，但也擔心她這樣下去會崩潰。

身為醫師，我也看過護理學生被不合理對待，可以想像您的女兒有多辛苦。舉例來說，護理學校的學生到醫院實習時，即使實習結束，護理學生們也得一直站在醫院角落，只為了等指導他們的護理師忙完後過來打聲招呼。這種情況我不時看到，覺得令人難以忍受。對護理學生而言，負責指導的護理師擁有絕對權力。由於社會的上下關係，很常看到這種有時不知意義何在的「指導」。

您的女兒在護理學校上課很辛苦，但之後仍然可能發生像這樣不合理的事。因此，一定要充分了解真實情況，請您的女兒拿出強烈決心告訴自己：「我可以繼續」，撐完剩下的學生生活。

為什麼護理師會出現這種不合理對待？或許，很多護理師在學生時期，也接受過這樣的教育吧！即使如此，一味告訴學生要忍耐，也不合理。但是，既然已經努力撐到現在了，請一定要取得護理師執照！請提醒您的女兒，等她成為護理師之後，站在指導者的立場，請務必切斷這種負面連鎖的行為。

即使是上下關係，護理學校的教師也是護理師，只是不在臨床現場而已。學生兩年後通過國家資格，位置就幾乎一樣了。正因為沒有太大差異，所以才想刻意展現優越感吧。立場堅定且修養良好的人，根本就不會那樣做。而且，做這些令人討厭的事，以後也會被學生怨恨，對彼此根本沒有好處。

當然，世上有很多護理師都不會這樣。一直與我一起工作的護理師們，不只心地好，也很為人著想。想必她們應該也有不少人在學習階段，遭受過令人不愉快的經驗吧！**多數現役護理師都強烈希望「不要再讓下個世代有討厭的經歷」，我相信大家都能**

保有這種善心。

話雖如此，逃離也是一種選擇，如果真的撐不下去就離開吧。不過，我相信這位女孩終究會成為出色的社會人，成為一位可以了解自己和他人脆弱，以及弱勢者心情的護理師！

現在，我想告訴這位女孩：**請不要輸給毫無意義的職權騷擾！「這個人真的不重要」，請不要放在心上，努力撐過去！**正因為經歷過痛苦的經驗，才可以成為更善解人意的護理師，用和善的心對待別人，最終擁有美好人生。同為醫護人員，希望我的建議可以幫得上忙。

保持適當的距離感，相處起來才自在

Letter

我覺得，家人之間相處的距離很難拿捏。之前我都獨自生活，由於換了工作，短時間住在通勤方便的老家。我們家人的感情算不錯，但是我覺得老家偶爾回回可以，不適合長住。半年後，我又回到獨居生活，因為前一段時間和家人生活覺得很拘束。和家人之間要如何輕鬆相處呢？

與老家的家人交流，如果只是年終年初或需要回家掃墓的盂蘭盆節偶爾回老家，心情一般應該都相當輕鬆自在吧。畢竟，像做客一樣暫住，家人不會期待太多，彼此也會包容。

老家很近、家人很健康、感情都很好，就是足以感恩的事。如果家人關係不好，就算通勤方便，也不會選擇回老家暫住吧。

這個世上，家人之間因為血脈相連，所以期待更多，最後經常搞到關係不好。像本篇聽眾那樣，家人感情不錯，真是值得慶幸的事。

包含家人在內，所有人際關係最重要的原則，就是保持適當距離——不只物理上的距離，心理上的距離也一樣。**每個人都需要自己的個人空間，空間多大、可以容納幾個人，都是因人而異。這種個人空間的距離感，即使是身邊的家人和另一半有時都難以掌握。某些時候，可能就連親近的人都被排拒在外。**像親子關係，在孩子長大以後，彼此也可能不再把對方納入個人空間。

本篇這位聽眾說的「感情好，距離感卻很難拿捏」，應該就是距離太近。尤其是偶爾才見面的情況，經常會拿捏不好距離感，仗著有血緣關係，堂而皇之侵入個人空間。家人有時會以善意之名侵入個人空間，希望像以往那樣招呼你，就更難保持距離感。

如果要暫住老家，必須先向家人說清楚需要個人時間，並決定好與家人保持多少距離，彼此要共同維護適當的距離感和信賴關係。由於是自己打擾借住老家，假使因為空間不夠大等因素導致環境無法配合，就選擇移居別處吧。

我是需要與人保持一定距離感的類型。像我們這類人，大都喜歡閱讀、寫作等靜態活動。

人際關係最重要就是保持適當的距離感。找個機會好好思考一下，與別人保持多少距離，才是你最舒適的人際關係。

有人願意傾訴，這也是了不起的強項

Letter

我是四十幾歲的女性，那種話一直講個不停的人，實在讓我很傷腦筋。比方說，在超市遇到認識的人，對方會找我講話，我幾乎只負責聽，偶爾回應幾句而已。對方多半是高齡女性，或是需要開導安撫的善感女性。雖然傾聽這件事很善解人意，但如果都是對方一直講，就覺得自己好像垃圾桶一樣。一方面，我雖然很高興人家願意向我傾訴，另一方面，我又覺得有點悲哀，心情很糾結。遇到愛抱怨、愛發洩自己不安情緒的人，該如何應對？

有這種困擾的人，共同點就是給人善於傾聽的印象吧。這樣的人平易近人、人品好、笑容療癒，所以容易變成被傾訴的對象。

世上不全是這樣的人喔。有些人雖然沒有生氣，也是一副生氣樣；有些人平時可以溫和聽人說話，一旦遇到工作或其他方面不順心，就完全變了一個人。

本篇的聽眾一定是讓人談話時感覺如沐春風的人。這種能力真的很棒，連陌生人都可以放心找你講話，其實可以正面看待。

我在門診時，經常聽到患者說：「我以前看的醫生，都覺得不好溝通，結果想說的話沒說，想問的也沒問成。」工作上需要良好溝通能力的人，不妨可以學習本篇聽眾身上的特質。

上了年紀的高齡者，自覺「已經與社會脫節」，心生悲傷、孤獨寂寞感，所以特別想找善於傾聽的人說話。從這個角度思考，可以被當成傾訴的對象，不是很棒的事嗎？

重點是，聽別人傾訴的時候，你的感受如何？如果覺得很浪費時間，光是聽別人一直講，可以告訴對方：「不好意思，我現在趕時間喔」，委婉中斷對方。或許有些高齡者不會看情況，但是一、兩次下來，多數就會有所察覺，不再那麼頻繁找你講話。

本篇的聽眾目前都沒有這麼做，應該對傾聽這件事不至於百分之百討厭。因此，**如果不想只是單方面傾聽附和，自己也想講點什麼，可以針對有興趣的領域、新發現，或是愉快的事物表示意見。**

如果對方講的淨是一些抱怨、不滿和不安，聽久了對大腦也不好，因為耳朵聽進去的，也會影響我們的想法。遇到這種情況，可以嘗試改變話題。**要是聽完了以後，經常產生負面情緒，那最好盡量避免與對方談話。**

如何成為開朗的人？

Letter

我是四十多歲的家庭主婦，從小就很內向，小學時期曾經遭到霸凌，無法與人順利交談。高中畢業以前，我的個性都很「陰沉」，但是學生時代還是有交到朋友，也認識了現在的丈夫，生了孩子。不過，在養育孩子的過程中，我沒有交到要好的媽媽友，跟附近的鄰居也無法打成一片。看到周遭的人相談甚歡，我就覺得自卑又難過，又想起以前被大家討厭的自己，都是個性陰沉害的，我不禁自怨自艾。我的聲音低沉又小聲，別人很難聽清楚我在說什麼，或許我的聲音大一點、說話活潑一點，就會討人喜歡了？我想改變討人厭的自己，迎向開朗人生，該怎麼做才好？

簡單來說，本篇聽眾的問題是「想成為開朗的人」。我認為，**要做開朗的人，重點在於決心。**

我在前文提過，我國中時期也曾被同學霸凌過。我被霸凌跟成績有關，他們的理由是：「妳在班上會占去一個評等五。」當時，我還有社團的朋友，覺得霸凌總會過去，忍耐一下就好。學生時代被霸凌的經驗，確實可能對往後的人生造成極大的影響。不過，被霸凌不代表無法成為開朗的人，你還是可以下定決心開朗過日子！

我常說「保持好心情」，同樣取決於決心。早上起床，自己決定「今天也要愉快度過一天」，就算發生意外事件，也告訴自己：「不要太在意。」舉個例子，正要出門工作時，宅配員卻按了對講機要送貨來，工作可能會遲到。此時，若換個角度想：「來的時間剛好，有收到貨」或「還好宅配員不用再跑一趟」，心情就會變好。

想給人開朗的印象，建議可以先嘗試改變外表。根據我的經驗，彎腰駝背的人看起來確實不怎麼開朗，有些人戴眼鏡雖然看起來很會讀書，卻給人有點神經質和陰沉的感覺。首先要端正姿勢，可以考慮拿掉眼鏡、戴上隱形眼鏡，外在印象或許就會大為改變，與人談話的機會自然增加。

另一個重點，就是主動找人講話，只是等別人搭話實在太被動了。其實，我也是不愛主動搭話的類型，比較喜歡在「真心話」廣播節目這種無人的環境中自由說話（笑），所以我非常了解本篇這位聽眾的心情。

新冠疫情爆發前，我常在學會後參加餐敘或聯誼會，即使身處這種場合，我也不會積極找人談話。不過，為了取得工作相關的資訊，我還是會稍微勉強自己（笑）。

至於附近的鄰居或媽媽友，由於性質與聯誼會不一樣，往往會維持數年關係，還是得去打個招呼，而且要主動開口比較好。**想讓對話熱絡，不妨聊聊對方可能感興趣的事物吧！**

第三個重點，就是表情。什麼樣的表情看起來很開朗？哪種表情你會想要接近，覺得好相處？請抱著這種想法，到鏡子前面確認自己的臉。如果必須戴著口罩，就練習用眼睛表達善意吧。我天生眼角下垂，看起來好相處（笑），但我希望之後真正變成表情溫柔的人。

最後，如果無法順利與人交往，多半只是缺乏機會而已。**一開始要主動打招呼，就算被無視也沒關係，持續一段時間，團體中總有一、兩位會回應。每天累積小小的打招呼，慢慢就會有進一步的交往。**

本篇聽眾有過被霸凌的經驗，尤其了解痛苦的感受。請用自己的方式，自然展現開朗、正向的一面吧！

Letter

如何改變想法，打破既有觀念？

我是三十幾歲的女性，不知道如何客觀理解現實，會從自己虛構的形象判斷別人，或是經常對事情的真實情況解讀錯誤。我無法從現實和客觀的角度看待事情，不知不覺就把自己的主觀意識和猜想當成現實。最近，我終於察覺自己有這種壞習慣。原來我一直身處漩渦中，花了很長的時間才意識到現實。這種壞習慣不合常理，在生活各方面都造成困擾，我很想改善。我想根據現實情況客觀判斷人事物，盡可能做出正確的解讀，該怎麼做才好？

判斷事情的時候，可以意識到自己很主觀，代表對自己有充分了解。不過，你擔心一直以為妄想會變成現實，會對往後的人生產生負面影響吧。

就像我在前文中提過的，**想要客觀判斷事物，要習慣保持一點距離看自己和周圍的情況，還有一種方法，就是參考不同人的想法。**

具體來說，就是從身邊「非常正經」、「一般正經」和「比較奇怪」的三類人當中，分別選出代表者。

「非常正經」的人，一般會說出持平意見，在社會上具有公信力，社會地位多半比較高。「一般正經」的人是普通人，說話經常很中肯，有時卻又很主觀。符合這類型的人最多，你自己也有很多部分符合吧。「比較奇怪」的人，頭腦可能很靈活，有時會說出超乎常理的意見。

當思考陷入漩渦、頭腦一片混亂時，不妨想想這三種類型的代表者可能會怎樣想、會說什麼話吧！

「非常正經」的人的意見，應該就是世上的多數派。遵循這類人的意見，之後也不大會有問題。「一般正經」的人，可能跟自己一樣做出混亂判斷。不過，既然「這麼多人都會覺得混亂，那就不必太苛責自己」，這樣想心情會輕鬆許多。至於「比較奇怪」的人，通常會有超乎想像的特殊想法。

參考不同類型人的想法，可以拓展自己的想像力，跳脫既有觀念和思考框架，從僵化閉鎖的思維中解放出來！

人往往遵循喜好的模式思考事情，其實應該經常刻意打破慣性思維。這麼做，除了可以推想世上多數派的想法，也可以嘗試用截然不同的奇特觀點，更有趣地看待事物。

堅持「正確」，不如選擇「溫和包容」

Letter

我是三十幾歲的家庭主婦，高尾醫師給建議的方式，讓我覺得舒服又療癒，我也好想像高尾醫師一樣！先生經常說我講話很嗆。我有時講話快又大聲，而且太直接，經常被說：「即使妳是對的，卻讓對方感到不愉快。」如何才能像高尾醫師一樣說話溫和呢？請告訴我，平常應該注意什麼？

這則留言最觸動我的部分，就是「即使妳是對的，卻讓對方感到不愉快」這句話，因為「正確」與「溫和」往往很難共存。

我認為「正確」有兩種。第一種是數值上和科學上的正確，這種正確誰也無法否定，只能接受。

第二種是世間常理的正確。這種正確即使自己覺得對，其他人也可能不認同。以自己的標準告訴對方，有時也很難取得對方理解。如果過於堅持自己的正確性，很可能因為基於正義感，結果說話口氣變得強硬。

日常生活中，很多事情不需要嚴格要求正確性。在某些重要場合，的確應該明確表示對錯，或是說出正確言論。不過，若以自己的標準告訴對方：「這件事是你錯了」，通常只會惹得對方不悅，甚至反彈吧！

「正確」與「溫和」通常很難共存，想要順利向周圍的人傳達意見，就要稍微放下正確性，溫和表示：「你的想法很好，不過也有這種看法喔」，才比較容易讓對方接受。

以我為例，遇到定理明確的話題，尤其是醫學、科學相關領域時，我多半會明確傳達意見。**至於個人想法和生活方式的正確性，本來就存在偏差值，基準也會隨著時間改變，沒有絕對的正確答案。**這種情況，比起堅持正確，我會選擇溫和包容，放寬自己的容許範圍。

講話直接又篤定的人，通常應該是自信「我講的絕對沒錯。」不過，我們往往從自己的角度想事情，有時也要反問自己：「我覺得正確，會不會是我自以為是」呢？

Letter

學會打招呼，留下好印象

我是四十幾歲的家庭主婦，說來很不好意思，我覺得打招呼怎麼會這麼難？我不知道該怎麼打招呼才好！我生長在左鄰右舍往來密切的鄉下，大家在路上碰面一定會互打招呼，甚至站著聊天。雖然這代表別人關心自己，但是有時候覺得很麻煩。我現在嫁到都市，跟左鄰右舍零互動，大家關係冷淡，不要說打招呼了，根本連眼神交會都沒有。雖然我已經習慣這種模式，但是看到自家孩子即使碰到鄰居，連招呼也不打一聲，就覺得自家孩子真沒禮貌，不禁反省自己是不是做了壞榜樣？我希望至少讓別人留下好印象，該怎麼做才好？高尾醫師平常都怎麼做的呢？

我每天騎腳踏車上班，會與很多人擦身而過，六至七成的人都是看著手機走路，我還經常被電動腳踏車快速超車。這個世上，應該不少人覺得「我孤獨地生活在陌生人群中」吧！

講一件我實際發生過的事，有關於打招呼的不愉快經驗。我住的公寓，停放腳踏車的區域在別棟，專用電梯頂多只能容納兩台腳踏車，親子腳踏車只能容納一台。

我的腳踏車放在二樓，當我按了下樓按鍵，上層下來的電梯到二樓就會停下。由於電梯出口在另一端，電梯裡的人都是背對狀態，有些人即使挪點位子就可以讓人搭上電梯，卻連回頭看一下都不做，直接按下關門鍵逕自下樓。雖然他們可能是因為趕著上班和上學覺得「被打斷了」，但這種行為有時真是令人感到不快（笑）。像這種時候，我心裡會想「稍微回過頭打個招呼」不會怎樣吧？

換作是我，一定會回頭看一下。如果有人要搭電梯，我會點頭致意。當電梯坐不下時，我會說聲：「不好意思。」從一樓搭電梯時，如果後面還有人過來，我大都會問：「要一起搭嗎？」自己先進電梯時，我也會點頭致意或打招呼，這樣做會讓彼此都愉快吧。

我在老家生活的時候，即使騎著腳踏車與不認識的人擦身而過，也都會點頭致意。現代社會，尤其在大都市，人們即使有空，也不會主動打招呼。愈不打招呼，彼此關係愈冷淡，從此變得完全不打招呼。

如果想要打招呼，不妨從點頭致意開始。即使眼神沒有交會，擦身而過時，對方低下頭，你一定感覺得到。幾次過後，或許對方也會看向你，對你點頭致意。當然也有人絕對不打招呼，但我還是會稍微點頭致意。**持續做下去，在自己的生活圈和職場，自然就會養成出聲打招呼的習慣。**

騎腳踏車通勤時，我經常偶遇前同事。每天早上我都期待與對方不期而遇，然後神采奕奕地打聲招呼。

舒服的氛圍和舒適的空間，光靠個人根本辦不到。正因如此，我們要有意識地建立良好的人際關係，與大家共同努力建立舒適的氛圍和空間。

消除焦慮的五種方法

今天我上瑜伽教室的線上課程，最多人問的問題竟然是：「如何消除焦慮？」好幾位學員表示：「對家人或身邊的人感到焦慮，很討厭自己，不知道該怎麼辦。」

對身邊的人容易感到焦慮，通常是因為距離很近，所以產生過多期待吧。因為有期待，所以容易覺得被背叛，或是產生焦慮、憤怒、失落等負面情緒。因此，首先不要對別人有過多期待，接受自己焦慮的情緒，告訴對方自己很焦慮，讓對方理解自己的感受，這就是對付焦慮的具體初步方法。

如果已經產生焦慮，減少焦慮也等於是紓解壓力。知道愈多紓解壓力的方法，生活中的壓力就會減輕愈多。**這裡向大家介紹五種紓壓方法，請找到適合自己的紓壓方法。**

第一種是睡覺。很多人應該都有「晚上睡覺前的煩心事，早上起床就變得不大在意了」的經驗吧？這可能是被稱作「壓力荷爾蒙」的皮質醇數值在睡覺期間下降所致。

第二種是找到轉換情緒的方法。運動和三溫暖都不錯。我不喝酒，想要放鬆心情的時候，我喜歡喝冰涼的檸檬蘇打。

第三種方法，就是找與目前壓力毫不相關的人聊別的事。有時候，避開壓力不直接面對，也是一種有效方法。

第四種方法，我幾乎每天都用，就是情緒一來，克制自己不要馬上說出口。這是因為把情緒轉換成言語時，往往讓情緒更高漲，進一步強化負面情緒。如果出現些許不滿情緒，我不會馬上抱怨，而是暫時保持沉默。

處理郵件也是一樣。如果當下刻意回覆帶刺的話語，反而會帶來更多壓力吧！不妨等情緒比較平穩以後，再斟酌字句回覆比較好。

第五種方法，就是了解世上不是每個人的想法都與自己一樣。一旦擁有這種認知，不僅可以消除焦慮和壓力，也能從各種拘束得到解放、獲得自由。

我們覺得生氣，往往是因為把自我標準套在別人身上。只要事先了解「別人與自己的標準不同」，就可以減少焦慮。無論年齡相差大，或是親近的夫妻關係和親子關係，情況都一樣。每個人都是擁有不同個性的個體，要努力尊重和理解對方，這是社會能夠和諧運作的最重要基礎。

廣結善緣

Letter

我是一個國三女生。一、二年級的時候，與不同社團活潑的朋友走得近，卻在自己社團顯得格格不入，總覺得不大好。升上三年級以後，社團成員變成我的同班同學，我想與他們好好相處，卻話不投機、聊不起勁。這是我國中生活的最後一年，我想更開心度過，但是如果離開目前社團的朋友，不知道會不會又顯得格格不入。我該怎麼辦才好？

學校生活中，有交情好的小團體，確實比較好過日子。不過，一旦沒有與團體一起行動，有時就會引來質疑。轉換團體是很困難的事，我也有過親身經驗。社團分成運動社團和藝文社團，還有單獨活動和團隊活動，各有各的主題，交流方式也不同。

無論如何，我的建議是：按照自己的心意去做就好。喜歡和活潑的朋友在一起，那就這樣做吧！前兩年不就是這樣過來的嗎？而且，一定有許多社團成員可能因為要準備升學考試等緣故，會在夏季前後引退吧。

離開目前的小團體，一定會經歷一段有點不安的時期，但請記住一點：**要廣結善緣**。有幾位真正的好朋友，還是可以結交其他朋友。與自己社團的朋友交好，也可以與活潑的同學群組自然交流。

我們這個世代的社會人士也一樣，如果保持這種彈性思考，人生就可以自在過日子。學生時代或許很難實踐，但請記住當今時代是廣結善緣的時代。

結交朋友這件事，不是因為「必須變朋友」而努力去做，而是因為「想變成朋友」，所以才敞開心房付諸行動。

重點就是：讓人「想和你當朋友」。什麼樣的人，會想讓人和他當朋友呢？有些是因為很有才能，但絕大多數是因為和藹可親、常保笑顏，讓人想自然親近。不過，**也不需要太勉強自己，只要自己過得自得其樂，自然就會吸引別人「想和你變成朋友」吧。**

無論如何，學生時代是可以恣意做夢的時期。一般來說，是否可以大幅發揮自我可能性，多半取決於環境。目前這個階段，你結交什麼朋友、擁有什麼樣的人際關係非常重要。盡可能與許多人保持良好關係，了解不同人有不同想法，用自己的頭腦思考並決定事情。

當然，社會人士也一樣。各種人際交往形成的人際關係，未來也將會派上用場，要廣結善緣。

如何提供反饋，才能激發進步？

Letter

我是年過四十五歲的女性派遣員工。大家不是都說，工作可以讓人成長，提升自我肯定感嗎？職場上有同事因為動作慢、常出錯，經常挨女性主管辱罵而情緒低落。「一點小事都做不到，以後還能做什麼？」「怎麼連這種事都不會？」罵的全是打擊自信的話語。我也一樣，如果工作進度落後，就會被嘲諷：「這讓○○來做，只要一半的時間就可以做好」或「效率差，配不上鐘點費」等，難道話一定要說得這麼難聽嗎？高尾醫師若身為主管，會講什麼話來「激勵」表現不佳的同事呢？

我認為，上司的工作就是激發部屬士氣，運用職權進行改善，創造更好的產能。想要有效修正對方的想法和行為，就看如何運用建議。如果沒有充分考量對方的個性、上下角色關係，就無法充分發揮建議的效力。

這位聽眾提及被罵得很慘的那位同事，有可能真的做得不好，或是耗費很多時間。不過，如果只是向對方陳述事實，根本無法改變什麼，因為這些話不會讓對方想要改變。他真正需要的，是讓他之後做得更好的建議。

首先，要肯定對方的優點。**點出對方的優點、哪裡做得好，並表達感謝之意，再具體傳達希望他改善的部分。這樣做，更容易激發對方的動力。**

翻舊帳或說成是「大家的意見」，這些都必須避免。比方說，針對發生的事表示：「你總是做這種事」、「你一直犯錯」，或者直接說：「大家都這麼說。」翻舊帳也好，把個人情緒說成大家的意見也好，根本就不公平。**面對問題提出「共同改善」的方法，這才是重點。**

不過，這位主管短時間內或許不可能改變，你們聽到不想聽的話也很痛苦。像這種時候，不妨努力聽過就忘，或是像第二章「讓心穿上盔甲」也是有效辦法。「不被對方負面的言詞傷害，積極向前」，守護自己的心。

學會如何有效建議，當然不只是上位者的功課，社會上的每一個人都需要具備這項技能。在職場工作，當然希望同事可以發揮良好效率。當同事被上司言語攻擊時，不妨試著發揮同事愛，尋求適當時機向上司表示：「您這麼說，也不會讓事情有所改變吧？」同時，身為同事，如果可以給夥伴一點慰勞或是感謝話語，或許多少可以幫助對方恢復團隊精神。

無論如何，傳達建議的時候，應該有意識地斟酌語句，才能達到雙贏效果。

覺得自己心胸狹窄，該怎麼辦？

前一陣子，一位四十五歲左右的單身女性找我諮詢。她說：「我在職場有一定資歷，但是心胸狹窄，我討厭這樣的自己。」

首先，「心胸狹窄」通常是無法接受周圍的情況、他人的行動和言語，沒有體貼心、氣量狹小，事情不如己意就覺得煩躁，一點小事就發怒或心情不好。這種人會注意小細節、追求完美，但是包容心很低，對自己和他人都比較嚴苛。

如果是對社會嚴苛那倒還好，要是對身邊應該坦誠相待的人們嚴苛，就無法建立良好的人際關係。

心胸狹窄的人，一般都是把自己看得最重要的利己主義者。比方說，為了自己可以努力，但是為了他人就提不起勁。總是認為自己是對的，都是別人的錯。遇到自己討厭、不擅長，或是讓自己吃虧的麻煩事，避之唯恐不及。有些人看到別人成功，內心沒有喜悅，只覺得嫉妒，甚至貶低別人，彰顯自己很厲害。這樣的人即使聽到善意提醒，多半無法坦然接受。

即使在社會上頗有資歷，這類人卻無法和周圍的人相處融洽。

自覺出現前述情況的人，請先自我檢視「是否讓自己陷入容易心胸狹窄的環境？」

舉例來說，如果是拚命工作的女性，是否拚過頭了，超出自我能力？是否攬下了自己不想做的工作？是否陷入刻板想法，認為自己和身邊的人一定要怎麼樣才行？或者是否糟蹋了自己的才華？這些都會使人陷入緊張和焦慮，企業和組織的幹部多少都有這種情況。

工作如果游刃有餘當然最好，如果覺得太過勉強，不妨稍微放掉一些吧！尤其如果身處領導階層，建議「把部分工作交給擅長處理的人，並且確實表達感謝之意」，事情應該會更順利。

覺得自己心胸狹窄，會陷入自我厭惡，導致無法積極向前，陷入惡性循環。因此，首先要肯定自己的優點，也盡可能發現周遭人的優點。想擁有體貼心，要學會想像對方的情緒和立場，努力理解對方。尊重彼此的特質和差異，想法會更多元化。

學會用宏觀的視野看待事物很重要。稍微拉開一點距離，旁觀自己和對方的行為和對話。「原來有人這麼想！」「原來，還有這種思考方式。」用更客觀的角度看待事物吧！

如何面對合不來的人？

有時，我看著一起工作的同事和這個世界，心裡不禁感觸「人免不了與合不來的人一起共事。」

首先，希望各位了解，不必勉強自己要有「不能覺得合不來」，或「一定要平等對待大家」這樣的想法。會合不來，是因為自己有自己的個性，對方也有對方的個性，這是無可奈何的事。

我現在被叫做「佛心高尾」（笑），我當然不是沒遇過合不來的人，對於那些合不來的人，我會逐漸讓他們從自己重要的人際關係中消失。

有些人很認真老實，為了與合不來的人相處，做了很多嘗試。比方說，努力了解對方、找出對方的優點，甚至認為「對方就像自己的鏡子，對方討人厭的特質，其實自己也有，所以才會反映出來。」假使彼此是上下關係，與上位者合不來時，有時很容易有「無論如何努力，也得不到認同」的痛苦感受吧？

若是遇到這種情況，請想著「你的努力，自有其他人看見。」

如果你總是用正確、認真的方法努力做事，一定會有人看見，給予肯定。不要因為合不來的人給了負面評價，就心灰意冷放棄努力，那才真是可惜！

請參考我一直以來的具體做法。**如果我與對方見面的頻率是一年數次，那就想辦法避開會面機會。如果牽連很多，免不了經常見面的話，那就努力減少牽連，或是減少直接會面的機會。**

萬一這些方法都行不通，那就有意識地與對方保持距離，劃清界線就好。如果是工作夥伴，那就只談公事。等到自己不再那麼介意對方時，恭喜你得到解脫！「我跟那個人合不來」的壓力揮之不去，也會影響大腦的正常發揮。

不過，有時即使自己不在意了，也可能遇到對方主動找麻煩的情況。在某些情況下，這不是合不來，而是嫉妒。了解自己可能遭人嫉妒，不要糾結於小人小事，走在老天爺照拂的大道上，堂堂正正地活下去就好。

我現在的工作環境，可以自行選擇工作夥伴，所以可以篩選掉完全合不來的人。這或許是我努力磨練工作專業和溝通能力的結果，加上周遭有許多正面接納我的人，我才可以自由發布訊息、自在工作，進一步構想新的計畫，我由衷感激。

自己的強項屬於個人，維護好自己的周邊環境，才可以讓自己的強項更穩定且持續發揮。

五種方法，讓你不再輕易被人左右

從以前別人就常說我「超做自己」，「做自己」就是「不受他人左右的生活方式。」這一篇，我想和大家分享，我不受周圍人左右的五種方法。

第一種方法：對自己的選擇要有主見，根據自己的理由下判斷。

據說，我們一天要做超過七千次的選擇。比方說，早上起床要先刷牙漱口，還是先上廁所？要給貓咪哪種飼料？要喝什麼飲料？要接下工作，還是回絕掉？最後這項是必須做出明確選擇的常見情況。

做選擇時，要確實經過自我考量，意識到事情是「我選擇的，我決定的。」即使別人給你建議，也請一定要意識到「最後，還是由我決定。」**「自己的人生由自己選擇」，無數的自主選擇累積起來，你過的就是自主人生。**

有時候，你還得思考「之後的人生想要怎麼過？」比方說，對於工作和生活環境有什麼打算、想和誰在哪裡生活、理想是什麼？請思考這些事，然後自己做出選擇。

站在婦產科醫師的立場，這些建議相當適用於女性的人生。在日本，不少女性都過著被動選擇的人生——好歹找個對象交往，要是懷孕，就生下孩子。其實，懷孕和生產都是人生大事。想做什麼工作，要選擇什麼當畢生事業，這些人生計畫都可以操之在己。在人生的各種場面，主動選擇很重要。

第二種方法：無關緊要的人說的話，一律忽略就好。我常說「華麗忽略」，例如：像那種只在社群媒體上交流的網友，他們的批評沒有必要看，就算看了也就一笑置之。這就像訓練一樣，想要就可以做得到。

會影響自己的人通常有兩種。第一種是互動良好，對自己產生正面影響的人。第二種是自己非常在意，會左右自己的人。雖然清楚後者可能對自己產生負面影響，內心深處卻還是「希望對方喜歡自己」，所以受其左右，這種關係大都不平等。是否繼續要受對方左右，自己要想清楚。如果決定不想再被對方左右，也要自己主動認定對方「是無關緊要的人」。

第三種方法就是要懂得協商。在工作上，有關費用、場所等條件，一定都有協商餘地，不需要完全配合對方的要求。

不過，與人協商有一個大前提，那就是必須具備足以協商的實力。有一定程度的實力，並且受到社會認可，通常可以與人協商，達到自己的期望。如果還處於孤掌難鳴的成長階段，只能從現在開始努力吧！

第四種方法，就是習慣退一步用客觀的角度看整體。針對眼前發生的事，用稍微抽離的視線觀察，就可以更理性冷靜地做判斷。這樣做，不僅可以走出建設性的下一步，還可以保持習慣用客觀的角度看事情。

陷在漩渦中心的人，只能看到漩渦而已。試著拉開距離從整體看事物，就是把自己從漩渦中心拉出來。

第五種方法，就是學會果斷、厚臉皮一點，事情過後就忘。對於不大如意的事，我可以忘得一乾二淨。某種程度來說，我只記得好事（笑）。

比方說，假使我很想做某樣工作卻沒有如願，我會告訴自己沒關係，時機還沒到，就不會一直放在心上。這種果斷放下的能力，就是讓自己專注於眼前事物或自己想做的事情的祕訣。

我們的人生，都是掌握在自己手中。一定要有揮開多餘干擾的意志力，慎重地為日常生活中的每件事做出選擇吧！

人與人的相遇是必然，我們都為了幸福努力生活

本篇要跟大家談相遇的緣分。

日本現在的人口已經超過一億兩千萬，我所在的東京，人口突破一千四百萬。與我在日常生活中有交集的人，大約是數十人。朋友、工作夥伴、瑜伽和講座的相關人士、長年交往的健身房朋友、有血緣和無血緣的家人，還有家裡的貓咪……我覺得與這些人的相遇（貓咪也是），是必然的相遇。

很多人只見過一次面，就不再相遇。如果只算東京都，與一千四百萬人中的數十人結識交往，簡直是奇蹟般的機率。透過許多機會一起共度美好時光，加深了彼此的信賴和緣分。感激之餘，也要進一步思考與這些人相遇的意義。

面對遭遇的各種事件，也是相同道理。近年，發生了許多疾病、事故等可怕事件，當然也有令人開心的事。所有的事交雜在一起，都是為了促使我們去做原本就應該做的事吧！

新冠疫情持續擴大，也讓我們獲得許多學習。經歷巨大的時代變化，請不要過度不安，內心懷有「所有事件發生，都是為了今後做準備」的想法，就可以用正面的態度看待各種事件。

有相遇，當然就有別離。有些人漸行漸遠、不歡而散，也有人突然與我們死別。若我們認為「相遇和別離，以及從中得到的經驗，都是為了之後的人生做準備」，就可以用正面的態度看待所有事物的意義。

當然，免不了會有負面教材般的相遇，就是那種經過好幾次相處，還是覺得很討厭的對象。即使相處的時間令人覺得討厭，也是一種學習的機會，讓你知道有些人際關係可以選擇放手。

無論如何，人與人的相遇是必然。我們經歷各種相遇，為了幸福而努力生活。尤其像戀人、夫妻、家人和親子這種聯繫非常強的緣分，就是為了讓彼此的人生獲得幸福，以及為了學會什麼，所以才相聚在一起的吧！

即使身處不利的環境，只要做好該做的事，適時回顧日常和環境，為了幸福做出適當取捨。最好的結果，就是做出讓自己幸福的選擇。請把這項原則謹記在心，持續累積各種美好的邂逅和學習吧！

人際關係可以分成四大類，哪些才是值得你珍惜的人？

Letter

我現在二十六歲，有正在交往的對象，我自覺對他態度不好，所以很煩惱。大學畢業前，我都跟父母同住，即使已經過了叛逆期，我還是無法與父母好好相處，態度很冷淡，親子關係不算好。離開父母搬出去住以後，彼此保持適當距離，關係變得比以前好。我目前有個交往一年的對象，最近我對他的態度，就像以前對待父母一樣冷淡。我自覺是在耍任性，我知道「就算我對他敷衍了事，他也不會討厭我」，但我還是改變不了我的態度，我真是受不了自己的幼稚！

本篇這位聽眾的問題，應該是「如何珍惜最親近的人」吧？

首先，如果妳的話語、行為和想法，讓對方意識到自己不被珍惜，他的心就會逐漸遠離。本人雖然已經察覺行為不妥，卻仍然無法改善，想必沒有真正經歷過失戀或被提分手的痛苦吧？

雖然不是直接回答妳的問題，但是**我把周圍的人際關係分成四大類。用飛鏢的標靶來比喻，正中央的靶心是第一類，是我們最重要的人，也就是家人、伴侶，以及其他自己想要珍惜的人際關係，大約是不滿十人的小群組。**當然，有些人或許親子關係不好，或是與家人分開住，歸在這個類別的不一定是有血緣關係的人。

靶心的外圍是第二類，是平日很常往來，一有什麼事就想跑去幫忙的朋友關係。對我來說，工作夥伴、健身房的朋友，以及不常見面、但以前曾經一起工作的夥伴和朋友，都歸在這一類。有些人會把以前交往過、分手後還是好朋友的人，也歸在這一類。

更外側的是第三類，代表雖然認識、但不是很費心經營的人際關係。一年或許有幾次見面機會，但是要有聯絡才會想起來的關係。**最後是第四類，代表陌生人，或是完全沒有交流的人。**

在這四類人當中，我歸在第二類的人非常多，我對這些人很用心，投注非常多的愛和友情。我是個很重感情的人，在第一類與第二類之間，我的界線很模糊，因為我有很多想要珍惜的人。我與名古屋土生土長的朋友聊天，經常覺得要讓他們卸下心防，把自己當同伴需要花很多時間，但是一旦成為同伴，他們就會把你當家人對待。原來，人際交往也會受到環境和風俗習慣影響啊！

回到本篇聽眾的問題，她對於處在靶心的第一類人，無法按照自己的心意相處。我很想告訴她，茫茫人海中相遇的人們，都與我們存在某種緣分。我在前一篇也提到，在這麼多人當中，能夠實際相遇並保持關係的人，真的有深刻的緣分，而親子和伴侶的緣分一定更深。因此，如果妳自覺無法坦率相處，請一定要向對方坦白：「我很重視你，但是不知道怎麼表達，很抱歉！」

尤其是第一類人，他們都是與自己緣分最深的人。這樣的緣分，如果彼此有來有往就會持續下去，一旦沒有經營，感情就會變淡。不過，有些緣分即使沒有密切往來也可能持續下去，多半是血緣關係。就算對父母態度敷衍、相處不怎麼愉快，父母還是對珍愛的女兒傾注無償的愛，所以現在才能隔著距離還維持良好關係。我希望妳可以察覺，妳真的收到了滿滿的愛！

當然，人際關係的分法因人而異。我希望拓展第二類的人際關係，增加更多與我維持良好連結、讓我用心對待的朋友。有了他們，可以讓之後的人生度過更多溫馨時光。

面對珍惜的人，要把感謝說出口

前一陣子，一起工作的同事，對我拚命做好的職責給予肯定，還強烈地表達感謝之意。我自覺不能辜負這份真摯心意，之後一定要更加努力！

對於每天見面的人，我們經常忘記表達感謝，但我們應該適時表達感謝。比方說，別人為自己做的事，理所當然要表達感謝。反之，如果對方在工作上做錯事、說錯話，或是搞錯內容，也應該適時給出建議，讓當事者反省，不要再犯。

我們應該好好看待每一件事，用心感受對方處理事情的心意，以及表現出來的感覺、態度和話語，並對對方的存在表示感謝。很多時候，我們的感謝會讓對方產生強大的動力。

即使不是大組織，比方說家裡的父親和母親等角色，很多人都是處於領導地位。雖然處於領導地位，也要對爺爺、奶奶、孩子等家族成員的付出表示感謝，謝謝他們共同維護美好的家庭氣氛，一起度過愉快的時光，對他們的存在表示感謝。用心發現每個人的優點，感謝他們為團體付出，然後成就更好的團體。這個世界如果愈多這種小型的好團體，社會整體就會往好的方向發展吧！

世上應該沒人討厭聽到「謝謝」兩個字。我雖然身為領導者，還是有很多事情需要拜託職場同事負責，對他們表達感謝，他們的心會被瞬間點亮。

大家也是一樣，**不要只記得周圍人的小失敗或令人遺憾的表現，把目光放在他們長久以來為自己做的好事吧。找出對方值得感謝的部分和與眾不同的優點，遇到適當時機就好好表示感謝吧！**

表達的技巧

Letter

最近常有線上對話的機會，讓我體會聲音的重要性。前一陣子，我聽到自己的聲音低沉又急促，真的嚇了一跳！高尾醫師的聲音醇厚，讓人感覺親近，我也好想擁有像高尾醫師一樣的聲音。有關聲音，還有站在傳達者的立場，有什麼需要注意的地方嗎？

開始線上廣播以前，我很少把自己的聲音錄下來聽。目前的「真心話」廣播，為了確認和發布錄音內容，我會反覆聽自己的錄音。自己的聲音從廣播節目中聽起來，和平常從耳朵聽的感覺有點不一樣，會不會給聽眾的印象，也與我原本想的不一樣呢？

最近，很多人說我的聲音：「很療癒」、「很親切！」，我真的很高興。不過，我沒有接受過發音訓練，也沒有特別去留意我的聲音。比較特別的一點就是，**我說話的時候都會格外注意「我想表達的，能否讓對方充分了解？」**

我偶爾一天會有九小時的講座，需要長時間對很多人講話。這與「真心話」廣播幾十分鐘的隨意閒聊相比，說話方式不一樣。我會用淺顯易懂、清楚明瞭的說話方式，也會調整聲音的音調、速度和節奏，或許這就是大家覺得聽我說話很清楚的原因吧。

此外，**我會思考我的說話方式和問話方式，是否可以引發對方興趣，讓對方安心說話。**以問診為例，我必須引導對方說出我想知道的訊息，才能決定適當的治療方針。

因此，**我會先整理一下我想傳達什麼，決定話題的重點。**我認為這是一定要的，如果想傳達的內容自己都不清楚，對方絕對會聽得一頭霧水。

至於臨床問診，最終目的就是確實掌握病患的困擾，幫助他們改善情況。即使問診到一半，改變了話題焦點，只要繼續導向最終目的，就不會偏離目標。

我在線上回覆訊息的時候，也會先決定好回覆重點，構思整體的回覆內容。

還有一件事，就是在談話的過程中，首先找出自己能夠認同的部分，也就是先說好消息，再說壞消息。**先肯定好的部分，再表示一些反對意見，或是需要加強的部分，才能讓對方更聽得進我們的建議。**

最後的重點，就是**談話的時候盡量樂在其中。只要能夠樂在其中，臉上自然會掛著微笑，不經意展現笑容。**

順帶一提，我在持續五小時長時間講話時，精力實際上在前半場就會用光，但後半場卻還是能量滿滿，這是因為我感受到大家的支持，大家的反應點燃了我的熱情！做廣播節目時也一樣，很多聽眾告訴我：「我在廚房邊做家事邊聽」、「我睡覺前聽」，我談話的時候也會想像大家在做什麼，很有趣。

希望我的表達經驗，可以提供大家參考。

書本與我

我覺得，書本有書本之神，所以從來不敢隨便對待書本。

住在老家的時候發生過大地震，為了避免書掉到桌上受到損傷，我第一時間就是把棉被往桌上丟。我連書掉下來砸傷書角都覺得心疼，非常寶貝我的書。國、高中的時候，我會詳細記下書名和購入日期，製作「藏書筆記」。直到現在，我還記得自己擁有哪些書。

我現在住的公寓有重新裝修過，在書房安裝了書架，還把書房的儲藏櫃也改成書架。我的客廳也有書架，我有很多地方可以放書。

我把書分成一軍、二軍和三軍。儲藏櫃的書架，由內而外排了三列書，舊書是三軍，收藏在最內側。屬於二軍的書，大致都放在客廳的書架上。正在閱讀中的書是一軍，在家裡各處堆成小山。今天想讀什麼書，我就會從書山裡抽出來看。我在床邊和廁所都有放書，經常是三、四本書一起看。

我的藏書一直增加，但都收藏在家裡，即使是一年只看幾次的書，我也不會丟掉或賣掉。以前，我曾經把家人的書賣給二手書店，但是保存得非常乾淨的書，竟然不值幾個錢，我受到不小衝擊！所以與其賣掉，不如到Mercari之類的二手交易平台，幫書找到真正需要它的主人。我也曾在二手交易平台買到便宜的絕版書呢！

不過，我有一點和以前不同了，以前我都會讓書本保持得乾乾淨淨，現在我更傾向有效使用時間。我的書以後應該也不會賣給別人，所以會在喜歡的地方貼上標籤，或是用黃色螢光蠟筆做標記。如果我有新的辦公室或新房子，我想像圖書館那樣，把一整面牆壁都做成書架並裝上書櫃梯，想拿什麼書馬上就可以拿到——真希望我有這樣的書牆啊！

對我來說，書本是陪我走過歲月的夥伴。我到現在都還記得，「什麼時候用什麼心情讀了什麼書。」我一路走來的人生都很愉快，回想學生時代，書本就像我的朋友，我珍惜書本就像珍惜夥伴。這些書本為我們傳達超越時代的各種訊息，我對它們充滿敬意！

Chapter 4

不可不知的女性身體知識

女性心理失調與荷爾蒙的關係

本篇主題是大家常問的「女性心理失調與荷爾蒙的關係。」

首先，女性的心理失調，多半是心情低落、憂鬱、愛掉眼淚（沒什麼事也會想哭）、焦慮，或是很敏感，對別人的話反應過度。

這類心理疾病，最廣為人知的就是「憂鬱症」。女性罹患憂鬱症的機率是男性的兩倍，因為女性本來就比較容易出現心理失調。

女性有三個時期最容易引發憂鬱。第一是生理期前，這種心理失調又叫做「經前症候群」（premenstrual syndrome，PMS）。第二是產後哺育嬰兒的產褥期，第三是更年期到停經期間。也就是說，女性在努力工作和育兒期間，一直都很容易出現心理失調。

我們一起來看看這三個時期與荷爾蒙的變化有何關聯。首先，生理週期與雌激素（estrogen）和黃體素（progesterone）兩種女性荷爾蒙相關。生理期前，負責抗憂鬱、安定心理的雌激素分泌減少，所以女性容易情緒低落。

懷孕期間為了持續懷孕過程，胎盤會分泌大量必要的雌激素，所以這段期間是女性一生中體內存在最多雌激素的時期。一旦分娩失去胎盤，雌激素幾乎等於零，這就是出現產婦憂鬱（maternity blues）和產後憂鬱的原因之一（本章後文會談到產後憂鬱症。）

女性在更年期雌激素波動劇烈，分泌量還是會緩慢減少。因此，更年期如果出現憂鬱症狀，有時會採取荷爾蒙補充療法補充雌激素。

雌激素是女性荷爾蒙代表，如果分泌量減少，很容易導致心情低落。同時，被稱為「幸福荷爾蒙」的血清素（serotonin），會受到雌激素分泌量影響。正確來說，血清素不是荷爾蒙，而是一種單胺類神經遞質（monoamine neurotransmitter）。雌激素增加時，會提升血清素活性。一旦雌激素分泌量減少，血清素活性就會降低，導致情緒低落。

經前症候群等所有的心理失調，雖然不只與血清素和雌激素有關，但與血清素和雌激素的分泌量大有關聯，會對我們的心理狀態造成影響。

我們的人生會經歷好幾次荷爾蒙波動，為了解決隨之而來的心理失調，首先就是自我覺察。當周圍人指出自己的問題，就先接受、反省看看，再找專家諮詢。正向面對也是解決的捷徑。

沒有自覺出現心理失調的人，或是明明身體有問題卻自以為沒事的人，都需要特別注意。症狀很可能在不知不覺中惡化，**擔心的人不妨根據兩項憂鬱指標自我檢測看看，第一項是：「明明沒什麼事卻流淚」，第二項是：「對自己的喜好提不起勁。」**

決心求助醫療機構也很重要，如果不知道應該看什麼科，可以先諮詢醫療機構，再請他們轉介到適當專科。（順帶一提，更年期的憂鬱相關，超過六成會找內科，一成會找婦產科。）

為了彈性應對接二連三的身心變化，用正向的心態面對生活。我們首先必須了解荷爾蒙的變化，自然看待「人本來就有心理變化」的事實。

備孕的心理建議

Letter

我三十七歲了，目前備孕中，用的是計算排卵期的方法。我生理期前尤其會心情鬱悶和身體沉重，一想到這次會不會又來月經，就覺得時間漫長無法忍受。萬一月經真的來了，我會更加消沉。備孕中如何維持穩定情緒，能否給我一些好建議？

所謂「計算排卵期」，是配合排卵期進行性行為的方法。

這裡必須考慮一些因素，首先是時機是否拿捏準確，以及在三十七歲的年齡，似乎不是自然懷孕和胎兒發育的絕佳環境。如果男性的年齡也高，不僅精子狀態會受影響，導致受孕成功率下降，性行為的次數也可能較少，每個月能有幾次性行為也是重要關鍵。

基本上，女性年齡如果超過三十五歲，包括計算排卵期等方法，如果半年內無法自然受孕，可以積極檢查輸卵管和精子，之後考慮進一步採取顯微受精的體外受精。

不過，比起懷孕，本篇聽眾的問題，似乎更多是心理層面。即使不是備孕狀態，很多女性在生理期前都有身心不適的困擾。身體方面，有便秘、頭痛、腹痛、水腫、體重增加、愛睏和食欲變好等情況。心理方面，則是出現心情低落、輕微憂鬱、焦慮、想哭、情緒敏感和易怒等變化。這些多半是週期性的短暫身心變化，不需要過於擔心。

不過，如果這些身心變化造成生活困擾，被診斷為經前症候群，就必須加以治療。治療方法有自費的口服避孕藥，或是選擇用來治療月經困難症和子宮內膜異位症且健保適用的避孕藥。

如果正在備孕，就不能使用抑制排卵的口服避孕藥，建議可以服用中藥，例如市面販售的「命之母WHITE」，或是經由婦產科開立的中藥方都可以。

本篇這位聽眾不只生理前出現心理失調，「月經來了心情更糟」，這是把無法懷孕、一直準備懷孕的事當成壓力看待。懷孕這件事，建議還是用正面心態繼續努力。

年齡無法逆轉，如果使用計算排卵期等方法，已經持續了半年以上都沒有成效，建議不妨進行下一步。因為這種情況如果再持續個一、兩年，心理狀態搞不好比現在更差。不如換個自己可以接受的方法，才可能改善現狀。

最重要的是，不要滿腦子都想著懷孕的事。日常生活中，要注意睡眠充足、減輕壓力，工作也不要排得太滿。不少人因為滿腦子都想著懷孕的事，結果連日常生活都過得很痛苦。**如果過於在意懷孕這件事，就會變成一種壓力，把自己壓得喘不過氣來。**

除了懷孕這件事，生活上可以透過嗜好、欣賞的藝術家和電影幫助自己放鬆。可能的話，也與另一半一起放鬆心情，共同度過美好時光，更有利於成功懷孕。

想要孩子的人有孩子當然最高興，即使沒有孩子，還是可以度過美好的人生。備孕或妊娠本身，只是人生的一部分而已，請試著放鬆心情和身體吧！

重視產後憂鬱症

「產後憂鬱症」終於獲得逐漸重視，一直以來周產期（懷孕、生產、產後育兒期間）母親的心理問題，其實都未獲得足夠重視。

一九八〇年代，倫敦大學精神醫學研究所正式開始研究產後憂鬱症，之後才擴及世界各地。日本最早始於一九九〇年代，由三重大學和九州大學的精神科進行研究。直到二〇〇〇年左右，婦產科診療才開始重視產後憂鬱症。當時的婦產科醫療界，還有非常多生下腦性痲痺兒童，或是生產導致母體死亡的醫療訴訟。或許在那個年代，光是處理母子身體異常的醫療改善，以及建立醫療體制就已經忙不過來了，哪有餘力重視母親的心理狀態呢？

直到二〇一六年發布了某項研究，顯示二〇〇五年至二〇一四年十年期間，東京都內有六十三名孕產婦自殺死亡。放眼世界，這個數字比英國和瑞典還要多出三至四倍。追究原因發現，自殺的孕婦有四成是因為憂鬱症，或是罹患了思覺失調症。此外，六成的產婦有憂鬱症或其他精神疾病。因此，妊娠到產後的心理健康，才開始受到重視。

根據其他研究，母親在孕期如果心理不安，極可能導致孩子之後出現行為和情緒的不穩定，例如：過動、情緒和人際關係障礙等。也就是說，孕期的心理狀態也對產後影響非常大。懷孕中的母體如果承受壓力，血液中被稱為「壓力荷爾蒙」的皮質醇濃度就會升高，如果長時間維持在這種狀態，對之後孩子的心理健康會有負面影響。

另一方面，兩種女性荷爾蒙——雌激素和黃體素，會讓女性從孕期到產後產生極大的身心變化。

雌激素會促進子宮內膜增生和乳腺發達，讓懷孕和生產可以順利進行，同時有抗憂鬱的作用。另一方面，排卵後分泌的黃體素，也與維持懷孕和乳腺發達有關，還會讓母體體溫上升。別孕烷醇酮（allopregnanolone）是黃體素的代謝物，可以強化具有鎮靜作用的神經傳導物質GABA，達到抗焦慮的效果。

懷孕五個月後，胎盤會大量分泌雌激素和黃體素。懷孕約十六週後，胎盤就開始積極分泌雌激素。至於黃體素，懷孕期間會持續分泌，到了懷孕末期，濃度會達到平常的五十倍。

生產後，兩種荷爾蒙都會急遽減少，產後第五天，數值就幾乎恢復到平常值。由於雌激素和黃體素銳減，使得抗憂鬱和抗焦慮的作用消失，因此極容易出現產婦憂鬱和產後憂鬱。而且在產後，「幸福荷爾蒙」血清素的前驅物色胺酸（tryptophan）在腦內的利用功率會減少，所以容易導致情緒低落。

所謂「產婦憂鬱」，是指五十%至八十%的產婦短暫出現的情緒低落現象，多數在兩週前後會有改善，少於十五%的產婦會出現嚴重的產後憂鬱，而且通常預後不佳，較難治療和恢復。

之所以如此，其中一項原因是發生產後憂鬱症，周圍的人和本人都難以察覺。實際數據顯示，產後出現抑鬱的女性，只有四成到醫院就診，剩下六成沒有就診；找醫療人員諮詢的比率約在六成左右。由於本人和家人都沒有察覺，有些產婦即使罹患憂鬱症的可能性很高，也沒有機會就診。

更有報告顯示，**當母親罹患產後憂鬱症，配偶也可能跟著罹患產後憂鬱症。萬一父母都有憂鬱情況，也可能出現虐待孩子的不良影響。**因此，意識到母親的產後憂鬱，是整個社會非常重要的課題。

此外，睡眠問題也會影響母親的心理狀態。不過，這就像「先有雞，還是先有蛋？」的問題，有人認為母親是因為照顧嬰兒睡不好，所以出現憂鬱，也有人認為因為荷爾蒙變化導致心理不穩定，所以出現睡眠問題。無論如何，一旦睡眠問題惡化，最壞的結果有可能是自殺，對新生兒和嬰幼兒也可能造成發展障礙和依戀障礙。同時，對夫妻關係也可能造成負面影響。

周產期的女性，體內會出現劇烈變化，導致身心極為不穩定。由於現代社會多半是核心家庭，有時難以得到周圍即時的協助，身邊多一位「不聽話」的小小孩，不少人都有求助無援的感受。

因此，**請大家一定要有這樣的認知：「每位帶著幼小孩子的母親，都可能出現產後憂鬱」，適時給予關懷和支援，一起建立友善母親的美好社會。**

更年期與大豆異黃酮雌馬酚

所謂「更年期」，是指停經前後五年的十年期間，日本女性的更年期平均在四十五歲至五十五歲。*女性年齡愈大，卵巢機能跟著衰退，導致女性荷爾蒙雌激素分泌量減少，四十歲以後更是急速減少。等到雌激素完全停止分泌，身體不再排卵，就不會再來月經。持續十二個月不來月經，就視為停經。

女性一旦進入更年期，體內雌激素減少，會出現盜汗、熱潮紅、頭痛和疲倦等不適症狀，也就是更年期症狀。如果症狀嚴重影響日常生活，就稱為「更年期障礙」。緩解症狀的方法，可以採取荷爾蒙補充療法，透過貼片、凝膠和口服液補充雌激素和黃體素，或是攝取作用類似雌激素的保健食品大豆異黃酮雌馬酚（equol）。

前一陣子的講座，有聽眾詢問更年期的問題，我在此簡單回覆。

Question

採取荷爾蒙補充療法，如果停止補充，會再出現症狀嗎？要逐漸減少用量讓身體適應，還是過一段時間後就停止補充呢？請為我解惑。

荷爾蒙補充療法沒有規定到幾歲就得停止，意思是要補充到幾歲都可以。雌激素除了保持皮膚潤澤、頭髮生長，還有保護皮膚、骨骼和心理穩定的作用。即使完全沒有更年期症狀的人，為了預防缺乏雌激素所引發的身心變化，一樣可以接受荷爾蒙補充療法。

出現明顯的更年期症狀，通常是在停經前後兩年，也就是大約維持三至四年的時間。如果目的是改善更年期症狀，之後可以選擇減少或停止服藥。擔心停止服藥會再出現症狀，慢慢減少用藥也沒關係。透過皮膚貼片補充雌激素的話，不同階段也有不同劑量的貼片。若是為了有利於慢慢減少用藥，拉長替換貼片的天數，也可以達到減少用藥的目的。在用藥方針上，持續投藥、逐漸減少用藥或停止用藥，都沒有特別的限制。

可能歷時十年的更年期，為的就是讓女性的身體逐漸適應卵巢停止分泌雌激素，我們終究會在沒有雌激素的狀態下生活。雖然可以選擇持續補充雌激素，但必須考量乳癌和血栓風險，一定要一年檢查一次。

＊根據台灣衛生福利部國民健康署的訪問調查，台灣四十五歲至五十四歲的女性，有六成有經期不規律或已經停經的更年期變化，而五十五歲至六十四歲的女性，則已經有九成以上有經期不規律或已經停經。

Question

據說，大豆異黃酮雌馬酚有類似雌激素的功效，服用大豆異黃酮雌馬酚不需要搭配黃體素嗎？

大豆異黃酮存在於豆腐、納豆、油豆腐和豆漿等黃豆製品，經腸道代謝後會產生雌馬酚，作用類似於雌激素。不過，不是所有人體內都可以生成雌馬酚，日本成人女性兩人當中只有一人。**無法生成雌馬酚的人，可以透過保健食品攝取。**

前文提到的荷爾蒙補充療法，如果單獨補充雌激素，可能增加得到子宮內膜癌的風險，為了抑制風險，通常會搭配補充黃體素。因此，一枚雌激素貼片同時會含有雌激素和黃體素，利用凝膠或貼片經由皮膚吸收雌激素的話，最好還要另外透過口服藥補充黃體素。

至於大豆異黃酮雌馬酚，說到底也只是作用與雌激素「類似」，與雌激素的作用並不一樣，所以不需要再加上黃體素。而且，大豆異黃酮雌馬酚來自天然食物，不必擔心會對身體產生風險，與荷爾蒙補充療法不同，曾經接受乳癌治療的人也可以使用。**挑選大豆異黃酮雌馬酚的保健食品時，建議要找有科學根據的產品。**

Question

馬上訂購大豆檢測商品，檢測體內能否生成雌馬酚。我現在三十七歲，如果檢測結果為體內可以生成雌馬酚，數年後進入更年期，有可能變成無法生成嗎？

大豆檢測的方法，是檢查人體內是否擁有生成雌馬酚的腸內細菌。透過網路下訂單，把自己的尿液裝進採檢容器寄回，一週左右就可以透過網路得知結果。

至於檢查結果，大約有二十五%的人會出現變化。我四年前第一次檢測，一年前第二次檢測，結果都是「無法生成雌馬酚」。體內能否生成雌馬酚，據說與黃豆的累積攝取量極為相關。我從以前就非常喜歡吃黃豆製品，結果竟然無法生成雌馬酚，真是令我大感意外！

為什麼有些人更年期症狀嚴重，有些人幾乎沒有？

與更年期有關的眾多疑問中，有一個是：「為什麼有些人更年期症狀嚴重，有些人幾乎沒有？」

更年期症狀嚴重的第一項要因就是性格。比方說，超認真、會拚命把事情做好的人，視野狹隘看不見周圍的人，或是自我犧牲、強烈渴望證明自我存在意義的人，還有會為了孩子和父母、對不孕治療或某件事耗費心力和時間的人，往往都會出現嚴重的更年期症狀，是罹患更年期障礙的高風險族群。

第二項要因，就是曾經有過心碎或重大的人生轉折經驗。比方說，拚命拉拔長大的兒子結婚之後，就失去了做飯的樂趣，內心像破了一個大洞。或是，雖然厭倦照顧婆婆，卻還是努力去做，婆婆過世後就出現喪失感。此外，性行為頻率減少，覺得自己喪失女性魅力等也是。經歷過創傷經驗的人，也容易出現嚴重的更年期症狀。

第三項要因對個人的影響尤其大，那就是自身體質能夠生成多少雌馬酚。就像前文中提到的，黃豆製品內含的大豆異黃酮進入腸道，代謝生成的物質就是雌馬酚，作用類似於女性荷爾蒙雌激素。

擁有特定腸內細菌可以代謝生成雌馬酚的人，日本成人女性兩人當中只有一人。只要體內能夠生成雌馬酚，即使是容易出現更年期症狀的人，只要攝取黃豆製品，無形中就能抑制住更年期症狀。至於體內無法生成雌馬酚的人，即使充分攝取黃豆製品，也可能明顯感受到更年期症狀。像我體內就無法生成雌馬酚，為了日後的更年期做準備，我打算持續吃雌馬酚的保健食品。

關於前兩項要因：個人性格和心碎等重大人生轉折經驗，可以透過意志多少改善一些。拚命專注於一件事確實很重要，但如果太過糾結就會變成執著，凡事應該適度就好。即使有過重大的人生轉折經驗，只要盡量用正面的角度看待，應該也有助於減輕症狀。

最後，**我想告訴大家，更年期只是來到人生的必經拐點，往後還有四十年左右的漫漫歲月，尋求方法幫助自己安度更年期、順利邁向停經後的階段吧。**

月經順利來的時期，要承受生理痛和經前症候群，可以選擇懷孕生產的人生大事，但在迎接喜悅的同時，也會對身心造成重大影響。之後，經歷更年期的大風暴，終於迎來風平浪靜的時期，想要盡量維持健康的身體和正向的心態，就看我們如何在剩下來的時間按照自己的心意過日子。

要是能做的事都做了，卻還是有更年期障礙的煩惱，建議到婦產科做一下檢查，確認不是其他病因引起，再開始治療吧。

身為婦產科醫師，我看到很多人對更年期有莫名的不安和恐懼。因此，我在這裡和大家分享正確的知識，希望可以減少大家對未來的不安！

不可不知的維他命D功效

我平常會吃兩種保健食品，第一種是大塚製藥的「雌馬酚」。前文提到，雌馬酚的作用類似女性荷爾蒙，可以透過保健食品攝取。

第二種是維他命D。維他命D的著名功效是「強健骨骼」，但最近大家注意到它其他令人吃驚的功效。天然食物中，鮭魚、鰻魚等魚類，乾香菇、木耳和舞菇都有豐富的維他命D，但要求每天都要吃到一百克的量比較難做到（相當於一天攝取維他命D四千IU的標準量），所以可以透過保健食品攝取。

維他命D受人矚目的功效，就是預防慢性病。舉例來說，攝取維他命D可以降低糖尿病、癌症的發病率和死亡率，降血壓的效果也比減鹽飲食更好。血液中維他命D濃度低的人，心臟病發作的機率較高。體內無法製造維他命D的人，腦中風、心肌梗塞和心臟病發作的風險都高於七十％。也有報告指出，維他命D對流感的預防效果，勝於疫苗接種。

β澱粉樣蛋白（amyloid beta）被認為是阿茲海默症（Alzheimer's disease）的致病物質，維他命D也有清除β澱粉樣蛋白的功效，血液中維他命D濃度高，就可以降低罹患阿茲海默症的風險。此外，血液中維他命D濃度低的人，罹患思覺失調症的風險高；患有ADHD的孩子，血液中維他命D的濃度也是偏低。**眾多報告都指出，維他命D與精神疾病和神經系統疾病之間頗有關聯。**

當然，世上的研究看法不一定完全正確。一般而言，當一篇科學論文被發表，就會出現推翻該論文的研究者。換句話說，只要有人提出一種論點，多半也會出現立場相反的論點。經過眾多研究者的反覆研究，論點的可信度會愈高，專家和社會大眾會採納可信度較高的論點。

維他命D除了透過飲食攝取，還有一種讓體內增加維他命D的簡單方法，那就是曬太陽（紫外線）。一天不必曬太久，二十分鐘就夠，冬天的話就是三十分鐘左右。有一點必須注意：塗防曬油、隔著玻璃，或是披著罩衫曬太陽，都不會產生維他命D。

很多人會用陽傘、手套，或是塗抹防曬乳來隔絕紫外線。提醒大家，想要增加維他命D，一定要適度曬太陽，我平時也會刻意曬一下太陽。比起美國，日本罹患皮膚癌的機率相對低，大約是二十分之一，曬太陽的風險不算高，所以在日本很建議用日曬法補充維他命D。

維他命D對我們的好處多多，請大家一起了解它的益處！

你會把自己的經驗套在別人身上嗎？

最近幾次講座，我和大家談話產生了一種感觸，那就是「不要把自己的經驗套在別人身上。」

以女性常見的生理痛為例，有位年過四十五歲的女性，年輕時會嚴重生理痛，總是一直忍耐，靠著熱敷肚子撐過來。當十幾歲的女兒因為受不了生理痛找她求救時，不難想像她會建議：「沒那麼嚴重。忍耐一下，要不要熱敷肚子看看？」不過，她女兒根本不是她，生長環境也不一樣，自己當年感受到的生理痛，不一定和女兒目前感受到的生理痛一樣吧。

產後的身體狀況也一樣，生過孩子的人，遇到有產後困擾的母親，往往會給一些建議。實際上，生產狀況、產後的身心變化和煩惱，各人情況大不相同。胎兒有多大、母親骨盆的形狀和尺寸，以及分娩的方式是自然產、預定剖腹產，還是緊急剖腹產，每個人都不一樣吧。

輔導女性運動員的現場，我也很常遇到這種情況。比方說，女性運動員因為嚴重生理痛前來諮詢，做了很多功課的男性指導員會提出許多具體建議，像是吃止痛藥、口服避孕藥，或是調整練習強度等。換作是女性指導員，往往會站在過來人的立場表示：「我也是這樣過來的，妳們還可以繼續加油。」在體育界，還有「月經不來的女性運動員表現最好」的想法，許多指導者還在沿用自己時代的舊觀念，但觀念已經過時了。

男性指導者由於沒有生理痛的經驗，通常會吸收科學知識，做出比較正確的判斷或建議。女性指導者很容易因為自己有經驗，把大家的情況想成和自己的一樣。

手術後的身體狀況也有類似情形。乳癌手術後，即使醫師說：「兩週後可以運動」，有些人復原卻沒有那麼順利。這是因為醫師說的「兩週」，是指「一般標準」而言。

世上存在許多個體差異和能力差異極大的事，即使擁有相同經歷，也不代表眼前的人與自己的經驗一樣。認為「大家的經驗和自己的經驗一樣」，只能說是缺乏想像力，尤其如果身為指導者，一定要更加意識到這點。

日常生活中，我們可能有很多「把自己的經驗套在別人身上」的例子。為了避免這種情況，**我們要經常提醒自己：「對方的經驗或許和我的不一樣」，才更能考慮別人的難處，建立更好的人際關係。**

早上起床
為什麼要馬上刷牙

每隔兩三個月，我都會固定找熟識的牙醫師保養牙齒。治療時的嘰嘰聲，還有牙齒刺痛的感覺，我當然不喜歡（笑）。不過，保養後口腔清爽無比，那種感覺我超愛。

我尤其注意牙周炎，要是牙齒與牙齦之間的牙周囊袋深達超過5毫米，引發周圍組織發炎，發炎總面積可達一個手掌大。牙周炎容易引發糖尿病、腦中風和心肌梗塞等血栓疾病，還會增加罹患阿茲海默失智症的風險，也可能導致骨質疏鬆和類風濕性關節炎（rheumatoid arthritis）。因此，為了維護全身健康，預防牙周炎非常重要。

我早上起床第一件事就是刷牙，這是日常生活的例行公事。早上起床為什麼要先刷牙？因為唾液分泌量的變化。唾液除了提高消化機能，還有抗菌作用。睡眠期間，由於體內的消化機能下降，唾液做為口腔內的消化酵素，分泌量也跟著大幅減少，導致口腔內的細菌增加。也就是說，起床後馬上吃東西，會把細菌也吃下去，所以早上用餐前最好把牙齒和舌頭都刷一刷。最近市面上也有販賣舌苔刷，但我都是用牙刷輕輕刷一刷舌頭。

唾液還有自淨作用，可以幫助牙齒再石灰化（強化牙齒），以及中和口中酸素，防止牙齒被侵蝕。唾液的分泌，來自於耳朵周圍的腮腺、舌頭下的舌下腺和下巴兩側的頷下腺。為了增加唾液分泌，可以活動這些周邊肌肉，動一動舌頭、確實咀嚼，或是做按摩都有良好效果。尤其在唾液分泌量少的早餐前，可以活動一下平常少動的臉部肌肉，或是做一下舌頭操，都有促進消化吸收的效果。

最近，有愈來愈多成人為了牙齒健康矯正牙齒，其實齒列不只影響美觀問題，也與牙周炎等疾病相關。齒列不整與咬合不正都會影響咀嚼，一段時間後，可能導致下巴和臉部肌肉失衡。如果嘴巴的動作左右不對稱，也會影響唾液分泌。因此，為了維護牙齒健康，牙齒矯正也是一項理想選擇。

各地都有口腔健康檢查，自覺「最近都沒檢查牙齒」的人，不妨去檢查蛀牙或洗牙吧！

Chapter 5

難以啟齒的性愛煩惱

沒有性欲，卻想要孩子怎麼辦？

Letter

我是三十四歲的女性，想要請教沒有性欲的問題。到目前為止，我沒有婦科疾病，性行為沒有疼痛或其他問題，也沒有負面經驗。結婚後打算生孩子，卻毫無性欲，連進行性行為都感到排斥。我對丈夫有罪惡感，卻無法消除對性的厭惡感，該怎麼做才可以擁有健康的性欲？我原本就性欲淡泊，與對象是丈夫無關。考量體外受精所需的費用和心力，目前沒有意願。如果高尾醫師有好方法，請告訴我。

健康的年輕女性出現性欲障礙的可能性，與年齡高的女性大致相同；也就是說，不一定「年輕就會有性欲。」**性欲的有無，與其說問題出在女性荷爾蒙的分泌量或分泌模式，更多是與自己的心情和與另一半的相處密切相關。**

本篇這位聽眾至今為止的性行為沒有不愉快的經驗，也不是討厭另一半，而是自覺原本就性欲淡泊。不過，如果性行為非常愉快，應該也會想要才對。也就是說，至今為止的性經驗不全然愉快，甚至可能覺得痛苦，所以才會「無法消除對性的厭惡感」吧？

碰到這種情況，有兩種處理方式。根據來訊的內容，這位聽眾的另一半看來沒有性行為也沒有怨言，所以第一種方法就是暫時忍耐，為了懷上孩子想辦法與另一半努力做人，等成功懷孕後，再繼續過無性生活。

第二種方法是治本的方法，我比較推薦。難得找到好伴侶，就應該一起尋找讓彼此都舒服愉快的方法。一旦身體感覺舒服，心房也會打開，或許煩惱也會迎刃而解。

為了擁有愉悅的性行為，了解自己的身體很重要。這個世上，很多女性根本沒看過自己的外陰部。有過多次性行為打算懷孕的女性，應該充分了解自己的外陰部，也要了解另一半外陰部的反應和構造。

不少男性在ＡＶ影片看到沒有科學根據的「潮吹」卻信以為真，抱著這種妄想和女性進行性行為。ＡＶ究竟是演戲，表現都有誇大的嫌疑。

兩人之間怎麼做才會舒服愉快、如何引發性致，只能由兩人一起探索。如果雙方有良好的感情基礎，就從彼此觸摸身體，都感覺舒服開始，一步步慢慢來，讓自己正向迎接性行為。

性行為的煩惱，與其找我們醫師諮詢，先與另一半好好溝通交流更重要。尤其是生孩子這種人生大事，一定要確實取得共識，並且相信兩人的性行為可以變得更好。

給性交疼痛者的建議

Letter

我是三十六歲的單身女性，由於生理期不順，而且出現類似更年期障礙的熱潮紅症狀，從六年前就開始吃口服避孕藥。有件事我在看診時都難以啟齒，想在這邊請教高尾醫師。我從大約二十五歲開始進行性行為都會疼痛，一開始我以為是與對方配合得不好，但是換了別的對象也一樣會痛。二十五歲以前，我還很享受性行為，現在卻覺得痛，感覺很對不起對方。性行為時我會濕潤，但在插入的瞬間感覺激痛，就會變得乾澀。這種情況可以透過醫療改善嗎？還是我的心理出了問題？

容易出現性交疼痛的時期，正如大家所想，大致都在停經前後。

隨著女性荷爾蒙雌激素的分泌量逐漸減少，維護肌膚膠原蛋白含量的作用減弱，陰道內壁的彈性也跟著降低。在陰道彈性不佳的狀態下插入，不少人都會感覺到皮膚與皮膚摩擦的疼痛。

這種情況稱為「萎縮性陰道炎」，如果不早點治療，陰道就會萎縮，變得愈來愈狹窄。治療方法主要是增加雌激素，可以在陰道中置入藥物（陰道塞劑），或是服用雌三醇（estriol），透過潤滑劑增加陰道的潤滑度也可以。不過，本篇這位聽眾還有生理期，也還在服用避孕藥，應該不屬於這種情況。

至於其他原因，有可能是吃避孕藥導致性欲降低。一般的口服避孕藥，內含女性荷爾蒙雌激素和黃體素（黃體素製劑）兩種成分。根據不同的內含量和組合，可能導致與性欲相關的荷爾蒙睪固酮（testosterone）數值過低。雖然可以改善面皰困擾，卻會導致性欲降低。

針對性欲降低的問題，或許可以改吃別種避孕藥。但本篇這位聽眾的最大問題，在於插入後會感覺疼痛，所以可能是插入前還不夠濕潤。

我的具體建議是：享受性行為，但先不要插入。這當然得與另一半好好溝通，畢竟女方一感到疼痛就會變得乾澀，而疼痛的性行為會很痛苦。本篇這位聽眾說她還是「會濕潤」，那可以先放入手指，如果變得更濕潤就再進一步，等到充分濕潤後再試著插入，看看是否還會疼痛。**重點就是：循序漸進。**

如果換了對象，情況還是一樣，那應該不是尺寸問題。實際上因為尺寸不合前來諮詢的個案，不少原因都是女性的陰道準備得不夠充分所致。

本篇這位聽眾的情況，推測不是醫療問題，由於會產生身體疼痛，所以也不只是心理問題。但確實已經對性行為產生恐懼了，如果不放鬆心情，身體就無法做好準備，隨著疼痛經驗不斷累積，就會產生恐懼感，然後陷入惡性循環。為了讓身心調適到理想狀態，還是得循序漸進才行。

其實，我在門診也遇到很多相同案例。比方說，個案想和對方進行性行為，試了好幾次，處女膜都沒有破，最後還是無法插入，我給她的建議也是循序漸進。**請盡量與另一半好好溝通交流，首先把性行為調整成自己可以接受的模式吧！**

無性生活

前一陣子，有位很久沒來婦產科的患者前來看診，我發現她的陰道口變得非常狹窄，連小指都無法通過。

其實，陰道口狹小的女性並不少，例如：完全沒有性經驗的年輕女性，以及停經很長一段時間、陰道萎縮的高齡女性，都可能出現陰道口狹小的現象。

不過，這位患者才四十出頭，自然產也已經過了兩年，卻沒發現自己的陰道口變小。也就是說，她在生產後都沒有性行為。當然，陰道口只要開一點點，經血就可以流出來了，除了做婦科檢查之外，一般並不會造成困擾。或許，產後處置讓她的陰道口縮小，加上後來也沒有性行為，導致她根本沒有察覺吧！

想必不少人都知道，日本人的性行為頻率愈來愈少。根據某項調查，回答從未有過性經驗的比率，二十世代的男性低於四十％，二十世代的女性則約二十五％。

至於性行為的目的，男性的回答最多是「享受性歡愉」，再來是「愛情的表現」和「情感交流」，女性的回答則是「愛情的表現」、「情感交流」和「因為對方想要」，也

Chapter 5
難以啟齒的性愛煩惱

就是回應對方的期待。

其中，最多回答「因為想要孩子」的是三十世代的女性，男性則無論哪個世代都是二十％上下。由此可知，男女的性行為目的大不相同。此外，男性回答「這一年完全沒有性行為」的比率超過四十％，女性約為五十％。夫妻回答「這一個月完全沒有性行為」的比率約為五十二％。

我診療過非常多女性患者，她們排斥性行為的原因，往往是因為性交疼痛。根據前述調查，超過六成女性有「性交疼痛經驗」，二十世代的女性則高達七十四％。年輕女性性交疼痛的原因，比起陰道濕潤度不足，更多來自性經驗不足，或是擔心懷孕和感染性病。

至於被問到性交疼痛時怎麼辦，多數回答是「忍耐，繼續做下去。」由此可知，性行為愈來愈少也毫不奇怪！

三、四十世代生過孩子的女性，也有排斥性行為的傾向。追究主因，可能是生產傷到外陰部，所以產生排斥感。其實心理因素也占了大半，如果還想要懷第二、三胎，一定要與另一半好好商量，正向看待性行為。

有關「是否想要性行為」的問題，約有七十八％的男性回答「想要」，女性卻只有約四十一%，可見女性對性行為的意願不高，這與少子化的社會問題直接相關。有意願生孩子的適齡男女，應該共同探索享受性行為的方法，才有利於之後的懷孕生產。

許多人對性有自卑情結，男性多為「不持久」，女性則是「無法達到性高潮」，還有其他各種因素。**性行為也是一種情感交流，雙方應該針對性行為好好溝通交流才是。**

根據其他研究發現，持續性行為的女性停經期較晚，顯示卵巢功能會受到性行為頻率影響。**考慮到雌激素對身心的各種好處，應該要好好維護卵巢功能，而持續性行為就是少數可以維持卵巢功能的方法。**

身為婦產科醫師，我想告訴大家，了解自己的身體很重要。門診的時候，我發現不少女性都不清楚自己外陰部的形狀和狀態。如果不知道陰道的位置，連衛生棉條都不知道怎麼放吧？也有人清潔不足，導致殘留恥垢。這種對性知識的消極態度，也會對健康造成不良影響。

自己試著觸摸外陰部，了解外陰部的形狀和狀態很重要，而且充分了解自己的身體，也有助於獲得令人滿足的性行為。

很在意外陰部的形狀怎麼辦？

Letter

我是三十七歲的單身女性，想請教小陰唇肥大的問題。因為這個部位十分私密，一直不知道找誰商量。我的小陰唇超出大陰唇，而且左右大小不同，有一邊特別肥大。有時候會覺得癢，但是穿褲子時，不會有摩擦疼痛的問題。至今為止的戀愛，雖然沒有男友對此嫌棄，但這是我無法積極談戀愛的原因之一。雖然可以透過整形外科切除，但總覺得有罪惡感，所以不曾考慮。

負責婦科門診時，我發現竟然很多女性都會介意外陰部的形狀。我得告訴大家，**外陰部的形狀根本千奇百怪，而且差異都很大。**比方說，大陰唇和小陰唇的形狀、大小、左右差異和顏色，每個人都不同。陰道的形狀也各有不同，陰道的角度會隨著子宮位置產生差異。至於陰道的位置，有的人偏肚子，有的人偏臀部。此外，生產時會陰切開，癒合後的疤痕也各有不同。

有些女性前來看診，是因為被男友說外陰部長得奇怪。說真的，我們婦科醫師看過的女性私密處，真的比男友還要多太多（笑），所以不要太介意男友講的話！

大陰脣就像男性的陰囊部位，左右大致均等，但是內側的小陰脣確實會有左右差異，尺寸的大小也因人而異。實際上，我在門診很少遇到有人來問小陰脣長得大的問題，倒是很多人詢問單邊小陰脣肥大，很介意小陰脣的形狀左右不同。不過，怎樣是正常，怎樣是異常？其實沒有明確標準。真要舉出問題的話，就是被腳踏車坐墊壓迫到會受傷，還有大陰脣和小陰脣之間容易堆積恥垢、產生異味吧！

婦科和醫美整形外科的網頁，經常釋放鼓吹大家做手術的訊息。「小陰脣超出大陰脣的人」會被建議做小陰脣手術，其實有這種情況的人到處都是！「接受照護的人」也是他們建議的對象，我聽過私密處除毛方便照護，但是小陰脣與照護是否有關係，我只能說不得而知了。

順帶一提，我看到的價位是處理單邊十五萬日圓，兩邊是二十五萬日圓。處理方式應該是局部麻醉、電刀切除，再用可吸收線（不需要拆線）縫合即結束吧。所以，我看到價位真的嚇了一跳（笑）！

最後，**我認真建議大家：不要太在意小陰脣長怎樣。我們往往對自己身體的各種特**

徵產生自卑感。其實，痣的位置就好比手指長短，小陰脣的大小就像人的個性，各有不同再正常不過。如果因為這種原因無法積極戀愛，簡直太可惜！

如果新的另一半對小陰脣有意見，不妨坦然表示：「這是個人特徵啊！我不知道你看過幾個人的私密處，但大家都不一樣很正常」，最好還是與能夠理解的人一起生活吧！

除了女性，我也希望男性擁有正確觀念，了解女性的外陰部各有不同特徵。如果對外陰部有其他疑慮，請一定要找婦科醫師問清楚。

Letter

VIO除毛好嗎？

我想請教高尾醫師對VIO除毛的看法。我查資料發現，有人說除毛很好，生理期不悶熱很舒適，也有人因為接受照護，所以選擇除毛。大家都講得好像光溜溜才標準，但私密處的毛髮原本就是為了保護身體才存在吧？現在難道不需要了嗎？我想做V線（比基尼線）部位除毛，但不想上美容院，自己處理又曾經起疹子發癢，所以不想再試一次。考慮到性行為，還有毛不要從內褲跑出來，果然還是除毛比較好嗎？

從動物學角度來看，外陰部的毛髮是為了保護身體而存在，卻又無法完全保護外陰部，頂多只能達到隱藏外陰部的作用。現代社會大家一定都會穿衣服，所以外陰部的毛髮並不是絕對必要的吧。

前一篇我提到，**每個人外陰部的形狀差異都很大，其實外陰部的毛髮也是一樣。**比方說，陰毛有捲毛、也有直毛，質地的軟硬不同，也有長白毛的情況。處理方式有人全部剃光光，有人只留下V部位的毛，I（陰唇兩側）和O（肛門周圍）的部位都剃掉，也有人完全都不處理。也就是說，下半身的毛也不用跟別人比，就像每個人都有自己的個性。

從醫學角度來看，外陰部在除毛後，皮膚表面確實容易出狀況。比方說毛囊炎，就是皮膚表面受到細菌感染產生膿皰，或是出現紅腫疼痛，膿皰通常一週左右就會破潰痊癒。自己剃毛的話，皮膚表層有時會出現毛卡在裡面長不出來的情況，但是多半會好。

身為婦產科醫師，我的建議是VIO除毛並無不可。

提供除毛服務的機構，為了宣傳，往往會鼓吹「本來就應該除毛」。如果本身討厭外陰部的毛髮沾到尿液、分泌物和經血，也受不了悶熱，並且在意穿比基尼和丁字褲的效果，或是考慮到性行為，覺得陰毛少一點比較好的話，不妨就去除毛吧！不想上美容院的話，可以考慮到醫療機構處理，也可以只處理V部位或部分除毛。

我的結論就是：如果覺得有必要，選擇除毛也無妨。

從未有過性經驗很丟臉嗎？

Letter

我是三十多歲的女性，有嚴重的經前症候群，想請問口服避孕藥可以吃到幾歲？四十歲以後比較難懷孕，還需要吃避孕藥嗎？如果不是為了避孕，只是想緩解經期紊亂和經前症候群，有別的藥可以吃嗎？婦科醫療有所謂「讓卵巢休息」的說法嗎？還有一件難以啟齒的事，我還沒有過性經驗，覺得很丟臉。

除了詢問口服避孕藥可以吃到幾歲，本篇來訊還談到很多問題呢！

首先，服用口服避孕藥有兩大目的。第一是避孕，第二是除了緩解和治療生理痛（月經困難症），還有減少經血量、調整生理週期、緩解經前症候群和抑制面皰的好處。

如果沒有性行為，就不用為了避孕而吃。許多女性與另一半分手後，就不再吃避孕藥。

至於第二種理由，如果是為了治療生理痛和子宮內膜異位症才吃避孕藥，因為吃了藥身體比較舒服，也有人在四十歲以後還繼續服用。

停用避孕藥的時機，就是卵巢機能停止的時候，也就是停經。日本女性的平均停經年齡是五十歲左右。服用避孕藥期間，由於無法自行判斷是否停經，可以在停藥期間的最終日抽血檢查荷爾蒙（有的避孕藥有七天停藥期，有的是七天服用沒有避孕效果的安慰錠），就可以判斷是否停經。如果是以治療為目的服用避孕藥，到停經之前都可以繼續服用。

不過，口服避孕藥有引發血栓的風險，年過四十五歲血栓風險高，可以改為服用治療月經困難症的地諾孕素（Dienogest）。相對於口服避孕藥內含女性荷爾蒙雌激素和黃體素，地諾孕素是只有內含黃體素的黃體素製劑，如果持續服用會抑制卵巢機能，使月經停止。

一般普遍認為「生理期順利到訪是好事」，所以比較難接受這種治療，但是這種藥幾乎不會出現避孕藥容易引發的血栓和水腫。不少女性表示，習慣了以後「身體舒適，生活輕鬆愉快。」

以前地諾孕素價位高，但最近出現了價格親人、成分相同的學名藥（相對於原廠藥），變成方便購買的藥品。最近一些非月經困難症的人，由於想緩和生理週期不穩定引發的生理痛或經前症候群，也會選擇服用地諾孕素。

接下來，回答「讓卵巢休息」的部分。大家可能以為，排卵就是卵子「砰」一下子就排出來了吧？其實，排卵對卵巢而言，就像投網球打破和室紙門那樣的衝擊。也就是說，排卵時卵巢是嚴重受傷的狀態，如果在不需要懷孕的期間，服用避孕藥讓身體停止排卵，相當於抑制卵巢受傷。許多人都知道，服用口服避孕藥可以降低卵巢癌的發生率。身為婦產科醫師，我認為讓卵巢休息好處不少。

最後，是我最在意的一點，也就是「沒有性經驗很丟臉」的部分。

首先我想說，**要不要發生性行為，只是人生中的選擇之一。**而且，就像我在第一章說的，我們身上既有多數派的特質，也有少數派的特質。**沒有性經驗的人或許是少數派，但不妨把它看成是我們特質的一部分就好。**

我一直強調，自己的人生可以由自己決定。至今沒有性經驗，不代表以後也不會有，就看自己想不想要。如果想改變自己的人生，請試著想像改變後的人生，一旦找到可以改變目前困擾的方法和對策，就一定可以改變！

如果真的想要孩子，最近也有利用ＡＩ提高配對率的交友軟體。從現在開始計畫和行動，完全不會太晚！曾經遭受性暴力，排斥與男性發生親密關係的人，也不需要太擔心。現代夫婦沒有性行為並不少見，透過取卵生孩子也並非不可能。當今時代，很多事情都可能實現。

最後我想說，**完全沒有必要對自己或自己的人生感到丟臉。如果連自己都看輕自己，怎麼可能會有好事發生？首先要肯定自己的優點，要非常愛自己。**

希望大家都能為自己的人生感到自豪，自信滿滿地活下去。

產後五年沒有性生活，來自丈夫的求助

Letter

我是四十多歲的男性，與妻子育有一名五歲孩子。妻子生產後，我們連一次性行為都沒有。至今我已經對妻子要求多次，她卻總是冷淡回應，我覺得傷心又煩惱。我很猶豫要不要請教高尾醫師，我該如何看待妻子的這種情況，我該怎麼辦才好，請給我建議好嗎？

首先，**從婦科醫師的角度來看，產後沒有性行為很正常，而且是「可以想見」**。假設另一半也是四十幾歲，如果是自然產，產後外陰部多半處於嚴重受傷的狀態，而且直到生理期恢復的這段期間，女性體內幾乎不存在女性荷爾蒙雌激素。因此，從身體狀況和荷爾蒙來看，女性會很想要性行為嗎？答案是No。

根據產後何時恢復性行為的調查，美國平均是六至八週，差不多是兩個月。日本平均是十週，相當於兩個半月。根據實際觀察，產後四個月的伴侶，約有半數已經恢復性生活，剩下的半數則還沒有。

雌激素與性行為關係密切，也會影響陰道的潤滑度。提到雌激素分泌量變化，懷孕中的雌激素是最大狀態，產後由於失去胎盤，使雌激素趨近於零，直到恢復生理期的這段期間，女性體內幾乎不存在雌激素。

想要性行為的性衝動，受到男性荷爾蒙雄激素（androgen）和睪固酮影響。雄激素和睪固酮，都是膽固醇形成雌激素的過程中產生的荷爾蒙，一旦雌激素濃度低，兩者的濃度也跟著降低，於是不容易引發性衝動。

生理期恢復以後，雌激素的分泌量也跟著恢復，就會比較想要性行為。**恢復生理期卻仍然不想要，通常有幾項原因。比方說，母體狀態不佳、對育兒不安，或是另一半對育兒協助不足等。**母親忙於養育孩子，根本沒有自己的時間，到了晚上或許已經筋疲力盡。門診時，我也經常遇到四十幾歲的婦女，在生產後好幾年都沒有性行為。或許，對這些婦女來說，性行為只是為了傳宗接代吧！

本篇聽眾找我諮詢，就是不想在外面解決性欲，希望維持美好的家庭關係，與妻子透過性行為維持感情交流。這不是單純沒有肉體接觸的問題，自己被拒絕、不被接受的感覺，應該很寂寞吧！

首先，**請撇開性行為，最重要就是與另一半好好交流。**日常生活中，可以與另一半牽著手、挽著手一起走路，遇到危險情況時，搭著肩膀保護她，睡覺時一起在床上打滾，不妨從這些難度低的事情做起。考慮到女方心情，也可能她不需要性行為，只要彼此有身體接觸就足夠吧？

除了問妻子：「今晚可以嗎？」，也可以多關心妻子的身體變化，或是買妻子喜歡的東西回家，多做一些讓對方高興的事吧！此外，丈夫也要積極幫忙帶孩子，讓妻子有自由時間，夫妻兩人一起承擔育兒的辛苦很重要。

同樣道理，女性也應該充分了解自己的身體很容易受影響，並分享給另一半了解。這樣做，可以讓彼此過得更愉快，建立良好的溝通交流。

Letter

為喜歡女性的妳加油打氣

我是四十幾歲的女性，是同性戀者，很怕被周圍的人知道，所以仍然隱瞞自己的性取向。不管我做什麼，總覺得不會如意，也得不到回報，因此我一直活得很消極。我到現在還是不知道該怎麼辦，最近終於覺得「這樣下去不行！」我很糾結「為什麼自己不是普通人」，很希望更正向生活，可以給我一些建議嗎？

現代終於不再只接受異性戀，我的朋友當中，有與貓咪同住的男同志伴侶，也有女同志與男性結婚生下孩子，但現在與女性伴侶一起養育自己的孩子。還有朋友在孩子長大離家之後，與同性的另一半一起生活。此外，也有接受性別重置FtM（女性變性為男性）手術的人。二十世代的年輕人也對性別認同很開放，經常在社群媒體分享自己的性別價值觀。

不過，或許這種開放思想只限於東京等大都市，其他地方並非如此。從二十幾歲到三十五歲左右，經常被問：「你不結婚嗎？」去同學會，大家也都熱烈討論孩子的話題，朋友寄來印有小朋友相片的賀年卡，這些都是社會理所當然的價值觀。因此，不難想像本篇的這位聽眾在人群中過得多麼渺小。

至於接下來該怎麼做？首先，能夠承認自己喜歡女性就已經很棒！

我們這一代在多愁善感的二十幾歲時，社會普遍的價值觀是戀愛對象應為異性，不少人因此隱藏真我。上個世代的同性戀者，應該過得更痛苦吧！在那個時代，有些人找到還算喜歡的異性結婚成家，隨著歲月經過，內心隱密的情感逐漸淡去，現在也過著幸福的生活。不過，也有人始終覺得格格不入，現在獨自鬱悶過日子。

社會上有同性戀者不奇怪，問題在於傳統普遍的價值觀是異性戀。不過，時代已經逐漸改變了，要有自覺我們是被壓抑在所謂的「正常」框架下度過了善感年代。

至於我的建議，就是正向看待自己喜歡女性的情感，把目標放在「尋找共度人生的理想伴侶」，並與周圍的人好好溝通。如果現在有喜歡的人，假使對方已經結婚而且擁有美滿家庭，就應該放棄這種無望的愛戀。不過，大家都清楚，在漫長的人生中，比起獨自生活，與某人一起度過會讓身心更快樂。即使沒有性交流，還是可以找到相處愉快的伴侶過日子。其實，人只要擁抱，就可以感受到幸福。

當然，不是一定要出櫃。首先，正向面對自己的情感，遇到「可以共度愉快時光，在一起很開心、心情會變好的人」，就和對方好好相處吧。

其實，本篇聽眾在來訊幾個小時之後，又來訊表示「想要刪除」。這次我特地舉出她的例子（當然是匿名），由此可知，少數派的處境讓她的內心非常動搖。

我在前文強調過幾次，**我們身上兼具多數派和少數派的特質，各種特質融合在一起才成就自己。因此，用不著因為性傾向屬於少數派，就在社會上降低自己的存在感。**

正向接受時代變遷，下半生想要怎麼過，請用溫和包容的心思考看看。

我的穿搭原則

「高尾醫師穿的Ralph Lauren服飾，每次都令人期待！」「高尾醫師對喜歡的服飾可以很快做決定嗎？我總是擔心穿起來別人覺得不適合我。」這類來訊我收到好幾則。

從高中時代開始，我就很喜歡Ralph Lauren這個牌子。一開始接觸是在中小學時，父母買給我Ralph Lauren的襪子。我從高中時代開始穿西裝，當時很貴買不起，所以經常到二手服飾店尋寶。其中，扣領襯衫幾乎都是男裝，只要找到適合自己尺寸的衣服，我就高興得不得了！

問我穿搭「是否會在意別人的眼光？」，如果我會在意的話，就不會是現在這種打扮了吧（笑）！是否符合自己的價值觀才最重要。

另一項重要考量就是尺寸。其實，我穿Ralph Lauren的9號剛好合身，不需要修改幾乎都能穿，這也是我喜歡Ralph Lauren的原因。襯衫要能方便手臂活動，當衣服紮進褲子裡，兩隻手臂往上舉時，下襬不能隨著肩膀被往上拉。而且我經常打領帶，我喜歡穿領圍保留一至二指寬、適度合身的襯衫。國外襯衫雖然袖長比較長，但是搭配外套會自然露出6至7毫米，所以我喜歡穿國外襯衫。

到了夏天，我都是穿短褲，長度要到膝蓋左右，我有各種顏色和花色的褲子。

看起來我好像很講究，其實買的時候，我幾乎都是毫不猶豫。我考慮的重點是整體風格，還有能不能搭配我的衣服。每一季都有很多合我心意的衣服，我買了就會一直換著穿。我的穿搭確實不是女性雜誌常見的風格，但是我不受流行左右，自己穿得舒服就好。

我了解很多聽眾想被人稱讚「很適合你！」的心情，但是我都會主動問：「怎樣怎樣？好看對吧？」，有禮貌的人都不得不附和我（笑）。對另一半、一起工作的同事或職場初次見面的人，試著表示：「我今天第一次穿這件耶。看起來如何？」，也是一種積極的人際交流，或許可以為你開啟美好的一天喔！

Chapter 6

改變中的家庭型態

結婚是人生的必要選項嗎？

Letter

我二十七歲，目前單身，我想談「不想結婚」的問題。我現在沒有交往對象，搬離父母家享受獨居生活，努力做著有意義的工作。周圍的朋友陸續結婚，大我兩歲的姊姊也已經結婚生子，大家都開始問我：「妳還不結婚嗎？」偶爾講電話的朋友和職場前輩，還有社群上已婚者的共同話題，經常都在抱怨對另一半有多不滿。希望白頭偕老而在一起的人，為什麼會有這麼多怨言？那我倒不如單身，對自己更好一點吧？每次聽到別人抱怨另一半，我就更不想結婚。高尾醫師沒有孩子，每天都聽大家談另一半和孩子，您是用什麼心情傾聽和回答的呢？

每天都有很多人找我諮詢，我明明沒有孩子，卻好像很有經驗似的回答大家的問題（笑）。聽眾會有疑問很正常，我每天聽了很多女性的煩惱，所以可以拿其他人的經驗和當事人的情況對照，再給出有幫助的建議。

二十七歲女性，在社會上有職業，獨立自主並且受人信賴，想必很樂在工作。情況聽起來沒有任何問題，請珍惜當下的光陰，不必太在意周圍的人講的話。

其實，**人生有數種夥伴關係狀態——戀愛延伸的夥伴關係、育兒的夥伴關係，還有孩子獨立後的夥伴關係，應該可以分成這三種夥伴關係。**

戀愛結婚後兩人一起過日子，就是戀愛延伸的夥伴關係。談戀愛這個階段，可以只看到對方美好的一面。開始共同生活後，才知道對方多久洗一次浴巾、刷牙用多少牙膏，還會發現許多令人在意的事。也有需要顧慮和難為情的事，但對方已是成人，只要能把自己顧好，就算鬧點小脾氣，我們也可以選擇包容。

成為父母以後，彼此的關係就會改變，多數女性會費心照顧孩子。要到孩子某種程度可以自立，需要很長一段時間，如果還有第二、三個孩子，就會更辛苦一點！母親本身的心情會有起伏，加上身為父親和母親的立場，對彼此的要求也會改變，不難想像會出現許多抱怨和不滿。

第三種是孩子獨立後的夥伴關係，女性相當於更年期之後。再度回到兩人世界原本是好事，但是一直以來都以孩子為中心，只有兩人的關係不禁有種悵然若失的寂寞，日本有很多人都是這樣。現代女性可以工作獨立，所以熟年離婚的情況愈來愈多。我認為，這也是適合找老伴的時代。**之後的時代，比起有血緣關係的家人，會更重視人際間溫暖的交流吧。**

如同聽眾所說「明明希望白頭偕老才在一起」，但是真正感情很好、不管當戀人或父母看起來都是「模範情侶」的伴侶，十對裡面只有一對吧！更多夫妻在年輕時結婚，雖然覺得彼此有些差異，但身為父母還是努力維繫著彼此的關係。夫妻處於這種情況，卻還是努力做好父母的角色，我覺得真的了不起！

我希望本篇聽眾可以思考一件事：**撇開結婚不談，妳的人生想要有孩子嗎？**日本目前的情況是：九十七%都是結婚後才懷孕。三十五歲至三十七歲以後，成功懷孕的機率和生下健康寶寶的機率都會下降，如果想要孩子，就必須趁早採取行動。

老實說，站在婦產科醫師的立場，懷孕後結婚或懷孕不結婚都無所謂。開始共同生活以後，性行為的次數就會減少，所以要盡可能在性行為次數高的時候積極考慮懷孕。想要孩子，首先要有對象，所以打算有孩子的話，可以開始尋找對象。

無論如何，**生孩子是有時限的，請把這一點牢記在心。**

推動性別平等，從自己身邊做起

Letter

前一陣子的報紙，我看到法律修正丈夫在妻子生產前後，可以取得四週的陪產假。在這個男女共同參與的社會，丈夫也要積極協助育兒，這似乎是必要趨勢。雖然如此，根據我的經驗，妻子在產後身心都不穩定，丈夫身為家事和育兒的無經驗者，就算叫不動也不能置之不理，真的對妻子有幫助嗎？而且，受到新冠疫情影響，丈夫在家工作的機率增加，確實也造成許多家庭主婦的憂鬱和離婚案件發生。站在男性的角度思考，可能也不覺得在家可以對育兒和家事幫上忙。想請教高尾醫師的看法，該怎麼做會更好？

本篇聽眾的意見很實際，由於新冠疫情影響，許多夫妻在一起的時間增加，不僅吵架機率增加，做家事和照顧的機率也增加，造成許多女性的負擔。產後妻子忙著照顧嬰兒，如果沒有特別必要，彼此討論後覺得合適的話，男性或許可以不用請陪產假，繼續上班就好吧。

實際上，女性請育嬰假的比率是八十%至八十五%，請假多久則因人而異，但是絕大多數都會請育嬰假。雖然男性請陪產假的比率這幾年有增加，但也只有五%。通常讓男性請陪產假，是希望幫助另一半在產後可以休養身體，得到更多睡眠時間，或是幫忙做家事和照顧嬰兒等。

大家都知道日本少子化的情況。一項女性一生中會生幾名孩子的總和生育率調查指出，二〇一九年是一．三六，二〇二〇年是一．三四，數值逐年下降。

放眼世界，歐美等OECD會員國，有幾個國家的總和生育率已經開始回升。女性勞動力參與率上升的國家，出生率也跟著回升。也就是說，如果女性可以工作，出生率就會上升，很可惜日本的女性勞動力參與率沒有上升趨勢。

出生率得以回升的國家，究竟祭出什麼政策呢？就是制定男性的陪產假制度。目前日本的情況，正是採納了其他國家實施成效良好的男性陪產假制度，準備迎頭趕上。

本篇聽眾反映的情況我十分理解，但是從中期目標來看，讓男性共同參與育兒，等於讓女性可以返回職場，促使出生率回升。政府就是為了達到這項目標，才會制定相關政策。

這裡再介紹另一種觀點。

Letter

我是三十幾歲的女性上班族，至今為止的人生，我很慶幸沒有遭遇男尊女卑的歧視對待。但是，自從結婚後，我卻愈來愈有被差別對待的感覺。舉個例子，我們家要買不動產或保險等較大金額的物件時，業務員只遞名片給我丈夫，而且只看著我丈夫說話，坐在隔壁的我完全被忽視。家人相處時，我爸媽對我丈夫都用敬語，我丈夫的爸媽卻不會對我用敬語。在兩家父母面前，我都稱呼丈夫〇〇先生，但是丈夫都直接叫我的名字，我當然也知道他沒有惡意。時代不斷進步，日本社會這種價值觀卻根深蒂固。高尾醫師如何看待這種性別差異問題呢？

我以前也遇過業務員只對著男性講話，但買房子其實一般都是以女性的意見為主吧？在我看來，那位業務員是不是有點不及格呢（笑）？

本篇聽眾的家庭狀況我可以想像，首先如果想要有所改變，不妨從身邊開始做起吧。舉個例子，可以試著對另一半表示：「在父母面前，希望你叫我的名字時加上敬稱。」

無論如何，這個社會還不夠成熟，雖然不能完全用世代區分，但是六十五歲以上的人，大部分都還保持古老想法和既定觀念。我們四十歲後半到五十多歲的世代，剛好處於轉變期，是覺得「必須改變」的世代。至於二十幾歲到三十多歲的人，大多數就是新想法。

世代會一直輪替，但是社會不會突然改變，只能逐漸改變。年輕世代的人，一定希望早點淘汰舊想法吧。我們身為中間管理階層，有時必須從上層的角度思考，多少可以了解上面的想法。完全不接受上面的意見，全部推翻真的很難。正因如此，我也希望隨著世代輪替，社會的改變可以加快腳步。

事情總有一天會轉變成應有的模樣，我們終究得跟上世界的腳步。除了性別平等問題，從醫學的角度來看，子宮頸癌疫苗、緊急避孕藥和口服避孕藥的使用問題，也都不得不修正觀念。世界標準聽起來很好，但日本在很多方面都還跟不上，我希望可以早點改變。

為了推動改變，即使聲音很小，也要繼續努力被聽見。因此，我持續透過各種方式發布訊息，**但實際上我們最能做到的，就是從自己的身邊開始改變起！**

任何孩子都一樣，誇讚優點就會進步

Letter

我的孩子就讀小學低年級，有發展障礙。他讀的是普通學校，班上如果寫字作業寫得好，就可以獲得貼紙。我家的孩子總是寫不好，所以沒能拿到貼紙。由於得不到成就感和肯定，他每天都很討厭上學。輔導老師建議：「如果孩子交作業就給一個圈，請老師把標準降低一點」，但是班上導師卻表示：「別的孩子都在看，很難特殊對待。」我家孩子連才藝課都不想去，唯一的理由就是：「今天不想去。」他到底是偷懶、學不會、能力不足，還是疾病症狀？我不知道該用什麼標準看待我的孩子，每天都很煩惱。大家都能正常上補習班或才藝班，我家孩子無論到學校或去學才藝都悲傷大哭。如果高尾醫師可以給我建議，我會很感激。

發展障礙的人多半在其他方面有傑出能力，但可能在日本延續至今的標準化教育，以及相對評量的體制下，很難獲得良好評價。

不過，現在也開始注重個性評量了，要給貼紙的話，應該根據孩子本身的進步給才好。比方說，比起昨天，今天如果更進步就會得到貼紙；如果表現沒有昨天好，今天就沒有貼紙。透過這種方式，讓孩子與昨天的自己比較，甚至是上週、上個月、上學期或是一年前比較。回顧孩子的成長，孩子本身會更有動力，這種給貼紙的方法就是一種獎勵。

為了與其他孩子比較，在聯絡簿上必須通知相對評量結果和考試分數，那也無妨。但是，像作業這種確認平常有沒有認真的部分，就不需要與周圍的孩子比較。給貼紙的用意在於提升孩子的動力，方式不適當無法刺激孩子產生動力，就會失去意義。

學校教師當然或許認為「教學現場沒那麼簡單」，但是接下來的教育趨勢應該是引導個人發展自身優點。雖然導師表示：「別的孩子都在看，很難特殊對待」，但是對孩子說：「你寫得比昨天好呢！」，再給貼紙也可以吧？

多數同學即使不知道什麼是發展障礙，但是看到這個孩子學得不大好，或是大家都會他卻不會，多少也會心裡有數。當這個孩子因為很努力所以得到貼紙，或許小朋友也不會覺得奇怪，反而可以坦然接受這件事。而且，對這個孩子而言，得到貼紙有非常重要的意義，因此家長不妨再試著與導師溝通看看，改用「與孩子本身做比較」的評量方式。

對學校教育適應良好的孩子，如果得到肯定就會更有動力。不過，確實也有孩子無法適應學校體制，明明可能有其他長處，卻因為陷入「得不到肯定，所以無法努力」的惡性循環，導致無法培養、發揮別的能力，那真的太可惜了！

希望家長可以「在孩子的成長中，肯定他的努力」，當孩子在學校和家裡都得到肯定，一定可以發揮更耀眼的強項和才能。

學校教育很重要，但不代表全部。學校教育的師長和家長，請用引導孩子發揮多元化能力的觀點，讓孩子各自綻放光芒！

人生有孩子很好，沒有孩子也很好

Letter

我四十歲，我的丈夫四十三歲，我們夫妻都不想要孩子，但是這樣真的好嗎？在我們猶豫不決中，時間一直過去，現在已經來到懷孕困難的年紀。周圍的朋友都有孩子，只有我沒有，使我變得很悲觀。而且，我們夫妻沒有性生活，看到懷孕的朋友還有性生活，我覺得很羨慕。為什麼我沒有很想要有孩子，是不是我有什麼問題？但是，我又不會很焦慮，搞不懂我到底想要怎麼做，所以覺得很煩惱。丈夫擔心我可能高危險妊娠，所以覺得孩子不是那麼必要。

現在如果積極接受不孕治療，到四十三歲還能成功懷孕生產的可能性雖然低，但不是零。

不過，你們夫妻真的已經非常接近時限，在剩下的兩年左右需要認真拚一下，調整生活到適合懷孕生產的狀態。全職工作的話，可能必須縮減工作時間，盡量減輕日常生活中的壓力，集中心力和時間在懷孕這件事，這樣總有可能懷孕。只要「真的想要孩子」，目前都有某種程度的辦法可以實現。

這位聽眾若是想要孩子，從來訊來看最大的問題，應該是夫妻沒有性行為。當然，這個世界上沒有性行為的夫妻很多，這件事本身不是什麼大問題。不確定要不要生孩子的伴侶，就算有性行為應該都會避孕。

本篇聽眾悶悶不樂的原因，是周圍的人都生了孩子，只有自己沒有，以及自己沒有性生活，看到懷孕的朋友好像還有性生活覺得羨慕，卻還是無法決定是否真的想要孩子。**解決的方法只有一種，就是好好與另一半商量，然後共同找出答案。**放任時間一直流逝，等到四十五歲之後只得說服自己「年齡太大沒有辦法」然後放棄，當然也有可能後悔「當初為什麼不拚一下？」。自己沒有先想好，再與另一半取得共識，對將來的人生會有不利影響。把另一半說的「風險很高，所以放棄吧！」當成理由，之後一有事就很容易歸咎於另一半。**自己的選擇，終究要由自己決定，這是對自己的人生負責。**

現在就算選擇不生孩子，也完全沒有關係，但最好是出於自願、為自己負責的選擇。拚命嘗試過卻還是沒能成功懷孕的話，自然只得放棄。

沒有孩子，除了沒有小小孩帶來的樂趣和煩惱，也代表以後的人生如果遭遇到什麼困難，不會有年輕的血親支持和幫助自己。因此，考慮未來的時候，不要因為誰說了什麼話，或是歸咎於其他理由。不自己做決定，就會變成沒有自主性的人生。

我們年過四十五歲的這一代人，很多都覺得反正會有孩子，只顧著拚命工作，結果沒有如願懷孕。我們不希望下個世代也有同樣的想法，步上我們的後塵。懷孕生子有時限，應該盡可能提前規劃。是否懷孕生子、想要生下誰的孩子，都要根據自己的意願做選擇。

日本女性多半是因為適齡期有性行為，之後就懷孕生子。針對女性擁有生育自主權的部分，日本社會還不是很成熟。在歐洲，為了避孕使用避孕藥的比率超過四成，中國使用避孕藥的比率低，但是避孕環的使用率達四十％。日本避孕藥的使用率是五至六％，避孕環則是一％左右。主要的避孕措施就是男性戴上保險套，由於失敗率不低，日本算是女性沒有自主避孕的國家。

要不要孩子、人生要怎麼過、如何選擇人生伴侶，都要直接面對自己找答案，絕不能把責任歸咎他人。當然，有什麼事也要與另一半坦白商量。如果選擇不要孩子，或許有時候看到小孩會羨慕，但如果目前的人生過得更合自己的心意，往往還是會覺得「現在這樣就好」吧。

我也是覺得「如果有孩子多好！」，但實際上沒有孩子，現在與三隻貓咪毛孩一起生活。我目前的工作模式，如果有孩子很難做到，從這個角度想，這輩子我的工作模式和生活模式就是這樣吧！我由衷接受。

就算逃避問題，時間還是不停流逝，結果等到時間到了才不得不放棄。但如果是自己主動選擇不要孩子，意義就會完全不同！因此，一定要意識到自己的人生由自己選擇，夫妻二人共同找出答案吧！

非婚生子女很不幸嗎？

Letter

我年過三十五歲，是有離婚經驗的單身女性。我有一位交往對象，他也是單身，但是彼此完全沒有結婚意願。我向對方表示：「想要留下自己的基因，想生養孩子，也想為對方留下優秀基因」，對方同意，但「只願意提供精子」，於是我著手懷孕計畫。我尊重對方的想法和生活方式，如果不依賴男性生活，就必須自己照顧好生計，在經濟和精神上維持穩定。由於自然懷孕生產的時限近在眼前了，所以我非常煩惱，對已婚生子的妹妹提起想當單親媽媽的想法，她卻很反對，還說：「孩子太可憐了，妳太自我中心了。」我只是想要生下自己喜歡的男性的孩子，然後把孩子養大，這樣難道有錯嗎？

首先，能夠遇到自己尊重、喜歡的對象，並且獲得對方理解，這是非常好的事。妳想做的事真的很辛苦，我很佩服妳的勇氣。

這裡有一個問題，就是**日本對於未婚生子，也就是非婚生子女不是很友善。**放眼世界，非婚生子女就是沒有登記但處於同居狀態的伴侶，或是單親媽媽、單親爸爸的小孩。全世界非婚生子女的比率，日本非常低。

實際上，日本非婚生子女的比率，只占全體出生的二・三%，鄰近的韓國也只有將近一・九%。民風自由的法國將近六成，女性地位高的丹麥則是五十四%，還有其他國家超過七成。非婚生子女占多數的話，等於整個社會很適合非婚生子女生活；意思就是，日本社會比較不適合非婚生子女生活。

至於世界各國會出現這種現象，其實是源於少子化的問題。在逆轉少子化問題的過程中，造就了非婚生子女的增加。為了解決少子化問題，創造出適合未婚伴侶育兒的社會體制，才有今天這種開放進步的局面。實際上，在一九七〇年，前述國家的非婚生子女率只有十%，但是二〇一六年的數據顯示，不少國家已經提高到四十%甚至更多。也就是說，日本社會把父母俱在的狀態想得太理所當然，所以本篇的聽眾才會出現這種煩惱。

大家都知道，日本的出生數一直在減少。二戰後的出生數是一年二百七十萬人，二〇一五年是一百萬五千六百人，二十年後預估是八十四萬八百人，確實是以驚人的速度在減少。

站在世界的角度看日本，問題就是社會普遍覺得結婚再生孩子才理所當然。初婚年齡一上升，生第一胎的年齡也會上升，生孩子的數目也跟著受限。**養育非婚生子女，需要社會體制的各方面支援，當前的日本社會根本無法妥善做到，也不重視這個部分。**

另有數據顯示，單親家庭的經濟負擔沉重，家長勢必得長時間工作，家裡經常空蕩蕩的，孩子也會覺得寂寞，極可能導致心理不安。

不過，讓孩子與祖父母一起生活，情況就會改變。孩子會找到方法接受自己是單親家庭的事實，盡量不讓周圍的人擔心，有些孩子長大後甚至非常適應社會。

本篇這位聽眾有相當的覺悟，若以自己的決定為優先，希望過自己想要的人生，在這種認知下，有能力獨自撫養孩子並沒有不好。

然而，很關心自己的親妹妹，居然不能認同自己的想法，真的會令人非常沮喪，現實上也會很困擾吧。妳應該把這次寫給我的想法持續確實傳達，慢慢努力爭取認同，如果是以後還會有往來的對象，總有一天會了解妳的決心。

話說回來，**父母俱在的孩子幸福嗎？我會回答：不一定。**

無論是由單親媽媽或單親爸爸照顧的單親家庭，或是父母未婚、爸爸偶爾回家的家庭，還是由男同志伴侶養育孩子的家庭，孩子都會有自己的接受方式。**任何形式的家**

庭，只要用心關愛照護，都會有幸福的孩子。

如同著名書法家相田光男所說的：「幸福永遠由自己的心來決定」，不能說孩子處於何種家庭狀態就一定會不幸。每個生命都很重要，在孩子成長的過程中，有愛自己的母親陪在身邊，周圍有愈多人理解自己，絕對不會不幸福。

孩子是否覺得幸福，不是由周圍的人自己判斷。雖然日本的非婚生子女還是非常少數，但是日本也不能一直堅持自家的少子化對策，**應該跟上世界的腳步，讓女性可以在適當時機自主選擇生孩子，這就是最好的少子化對策。處於這樣先進開放的社會，女性也更能獲得幸福。**

Letter

五十歲以後，如何面對冷淡的夫妻關係

我年過五十，人生已經開始倒數。丈夫目前被外派工作，我們的夫妻關係很冷淡，因為新冠疫情自從去年夏天就沒見過面了。孩子已經是大學生和中學生，不大需要照顧了，所以我有更多自己的時間。未來的日子還很長，即使我想自己獨立，卻面臨殘酷的年齡現實問題。如果不擔心經濟，要不要離婚？還是要修復夫妻關係？我不知道該怎麼辦！

目前五、六十歲的女性，是被要求當賢妻良母的最後世代。許多人被要求符合這種刻板的女性形象，不少人也一直乖乖照做。

本篇這位聽眾表示：「夫妻關係冷淡」，但或許另一半根本就沒這麼想呢？如果被提離婚，只會覺得晴天霹靂吧？因為大部分的男性多少都有「我在養家」的自負感。如果換成女性工作養家，或許情況會不一樣，不過多數家庭的經濟支柱都是男性吧？

通常，在這種情況下，女性到了五十歲左右，養兒育女告一段落時，很可能會開始思考：「我真的想跟這個人共度餘生嗎？」能夠毅然離婚的女性，多半在經濟上可以自主。我周圍有很多護理師就是這樣，等孩子獨立後就果斷離婚，許多男性才終於發現妻子積怨已久。也就是說，許多男性根本沒想過女性會有不滿的情緒。

像本篇這位聽眾一樣，長期見不到面，確實會使關係冷淡。不過，如果有其他的交流方式，有些伴侶即使分隔兩地，也完全不需要擔心。如果不是鐵了心，想要馬上離婚，彼此商量修復關係也是一種方法。**對目前的關係有哪些不滿、哪些需要改進，不妨試著向對方表達看看。傾聽另一半的想法，觀察對方會採取什麼行動，如果因為經濟上的理由無法離婚，不妨委婉表達自己的想法和心情轉變。**

這裡另外分享一則來訊，內容是五十多歲的女性談及另一半。

Letter

我年紀五十出頭，患有疾病。我會做家事，還會做一點在家裡能做的工作。同樣五十多歲的丈夫對我不好，我的日子經常很苦。每次我都自我催眠對方的精神年齡就像小孩，因為壓力大才會拿我發洩，為了不讓內心受傷太深，我都輕

Letter

輕帶過。我以前也會生氣，但是會讓家裡的氣氛很差，久而久之我不再生氣以對。一旦丈夫累積了許多工作鬱悶，就會挑我的錯處對我大罵，或是破壞東西出氣。情緒失控拉了我的頭髮，又會馬上對我道歉。我拿新聞報導給丈夫看，說他的行為是家庭暴力，他卻認為不全是他的錯。我好幾次求助行政機關，他們都叫我離開丈夫一段時間。不過，考慮到身體狀況和經濟問題，我無法狠下心離開丈夫。

本篇聽眾的另一半會動手，這是離婚的常見原因。而且本篇聽眾患有疾病，一定非常需要人照顧。許多遭受家庭暴力的人，就算受傷也會回到施暴者身邊。就像本篇聽眾所說，她催眠自己「丈夫不全然很壞」，但是這樣只會延長她受苦的時間。如果丈夫動手的頻率變高，可以考慮隔離或甚至考慮離婚吧！雖然新冠疫情導致壓力，但是這種情況不只日本，全世界都差不多。每個人的抗壓性不同，不同職業也有不同程度的壓力，如果控制不了自己，只能說是個人問題。

這個社會上，應該有很多大大小小的家暴問題，很多人甚至不敢說出口。認為「對方像孩子」所以百般容忍，調適自己的心態接受婚姻生活，這也是一種辦法，但絕對不能容許力氣比較大的男性一直動手！

因此，**一旦發生家暴，就應該尋找行政機關求助。如果真的受傷嚴重，可以找醫療機構留下驗傷紀錄。有了心理準備，夫妻二人應該對往後的關係好好商量。同時，為了過自己想要的生活，也應該讓自己取得某種程度的自立。**

如何面對家裡的老大人

本篇我要回答關於如何與父母相處的三則來訊。

Letter

我年紀三十出頭，是單身女性。罹患自律神經失調，目前沒有工作。與七十歲母親的相處模式讓我很煩惱，我和母親的感情很好，就像朋友一樣，不過我做任何事都和母親一起，無法單獨行動。買東西或看電影，都要一起去，家事也是母親幫我做的。以前我喜歡單獨行動，但是自從七年前父親過世後，我在精神上和經濟上都很依賴母親。我要如何才能自立？一想到「如果母親過世了，我的人生該怎麼辦？」，就覺得非常焦慮。

妳的母親日前身體還很好，十年後的情況當然可能不同，如果不現在開始做好準備，某天就會突然孤立無援。如果還能自覺太依賴母親，等母親有天不在了，想必妳還是有能力過好自己的生活。

從來訊內容可以感覺到，妳的病比較接近「心病」，建議妳下定決心踏出新的一步。比方說，找到新嗜好或開始新學習、嘗試獨自行動，或外出工作找到新朋友一起努力。未來一定要找工作取得穩定收入，在經濟上可以自力更生。

日常生活中，可以先試著自己洗碗盤，寫下自己能夠做的事、逐一執行，實際感受「我能夠把事情做好。」

針對親子關係，從另一個立場找我諮詢的人也很多，那就是父母對孩子太過照顧，被周圍的人勸說快點放手。這其實是相互依存的關係，但局限在彼此的關係與社會脫節，對雙方都會很不利。

人孤單地來到世上，也會孤單地離世。每個人對他人依賴的程度不一，但最好能夠獨立自主，自己的健康自己守護，自己的經濟狀況也由自己掌控。

Letter

我是四十五歲左右的家庭主婦。父母七十出頭住在遠處，因為新冠疫情已經一年以上沒見面了。最近父母好像很健忘，令我覺得不安。比方說，做料理忘了放食材，或是想不起東西的名稱。我很容易焦慮，總是把事情想得很負面，父母的事情經常懸在心上揮之不去。擔心父母之後的變化，心情七上八下，覺得很痛苦。

如果真的很擔心父母，雖然路途遙遠，最好還是回老家照顧父母。或許妳有孩子要顧，也有妻子的工作要做，但是暫時把這些全部放下，直接回老家跟父母住一陣子也是一種選擇。如果無法做到，只能讓自己不要整天都擔心不已。

我們有很多做不到所以擔心的事情。不過，確定自己做不到，所以沒有選擇那麼做，就等於放棄。既然沒有選擇那麼做，就要為自己的選擇負責。

如果決定無法回去陪父母，自己就要為這樣的選擇負責。雖然一定會擔心，但是由於自己目前無法處理，也只能先擱置一旁。想不起東西的名稱，也可能只是一般年紀大的現象，應該還不至於擔心是失智症，可以再觀察看看。

Letter

我的父母應該與高尾醫師的父母年紀差不多，我丈夫的父母也都還健在。因為工作關係，我常有機會接觸高齡者，每次我都覺得很感謝父母，也會想之後應該怎麼孝順父母。我聽人家說：「如果父母有萬一，臨終想要如何處置？家裡的事怎麼安排？這些重要的事，一定要趁著身體健康，一起商量確定好」，但是我怕父母難過，所以問不出口。對於父母以後的安排，高尾醫師有找父母商量過嗎？

我的父親非常可靠，大約一年前就把他們的財產明細、銀行戶口和不動產的管理公司製成一覽表，以文書的方式email給我。為了預防萬一，我父親也把相關聯絡人都列出來，包括父母老家的兄弟姊妹，以及他們子女的聯絡方式，都製成一覽表附給我。萬一發生交通事故，導致父母一起過世，就沒辦法問這些事情了，所以我父親才預先做好一覽表讓我方便聯絡。至於喪禮要怎麼處理，我沒有問過他們，就看當時的情況隨機應變吧。

最近，經常聽到「臨終筆記」一詞。無論如何，親子是該共同討論以後的事，而且應該由父母主動開口比較好。很慶幸我家是由父親幫我整理好相關資料，父母果然也開始設想身後事了吧。

不妨在家人齊聚一起時，開口提問：「這個家還有其他財產嗎？」了解一下財產和聯絡人資訊，交由孩子們加以整理。

最後，本篇針對親子關係的三則來訊做了簡單回答，**親子在年紀漸增的歲月，彼此互相掛念，還能形成良好關係，真的很幸福。**世上有些人是父母離異，或是與親生父母別離。**對於人生中重要的人，可以更心懷感謝對待。**

有些人會輕視體力和認知功能逐漸退化的年長者，我偶爾聽到有些護理師對高齡患者很不客氣，認為那樣很不應該，年長者都是值得尊敬的對象。當我變成高齡者，我也希望以往的行為和人生被人尊敬，所以我非常認真地過好現在。

希望本篇可以幫助大家思考如何應對親密的親子關係，以及與高齡長輩之間的關係和重要課題。

唐氏症與產前篩檢

Letter

前一陣子，我重要的友人傳來懷孕喜訊，檢查結果卻發現寶寶有唐氏症。她在email裡表現得很堅強，我沒有相關知識，每天都替她覺得不安。針對孕婦的這種情況，希望高尾醫師可以給點建議。

懷孕是喜事，但是胎兒卻可能罹患唐氏症等先天性疾病。**唐氏症是染色體異常的疾病，母親的年齡愈高，發生率也愈高。**母親的年齡在二、三十歲時，發生率為千分之一，三十五歲則為四百分之一，四十歲則為百分之一；隨著年齡增加，風險就愈高。日本的發生率為七百分之一，唐氏症患者約有八萬人。這與母親初產或經產沒有關係，隨著女性體內原始卵泡（卵子的來源）老化，胎兒出現唐氏症的風險就愈高。

唐氏症的篩檢方法有羊膜穿刺和絨毛取樣，用針刺進孕婦的肚子，取出羊水或絨毛做檢測。最近出現一種叫做NIPT（Noninvasive Prenatal Testing，非侵入性胎兒染色體篩檢）的新型檢測法，是用母血樣本進行基因檢測，可以再搭配超音波等產檢持續追蹤。多種篩檢方法的準確度不一，有些檢測不是真正的診斷，只能告知罹病風險的高低。

超音波檢測的方法，是對一定週數的胎兒檢測頸部後方的皮下積水，如果厚度過厚，就有罹患唐氏症的風險，必須再做其他相關檢查。唐氏症胎兒的手腳長度、頭的大小和臉部都有特徵，可以透過測量大腿長度、頭骨寬度和確認臉部特徵判斷。此外，唐氏症寶寶的心臟形狀也多有異常，透過確認心臟疾病，某種程度也可能是唐氏症。

唐氏症患者的壽命很短，但是現代對併發症的治療效果提升，平均壽命可以延至五十歲左右。不過，唐氏症寶寶從小就有心臟、聽覺和視覺問題，進入學校以後，運動能力、智能指數和社會化發展都比較差，長大以後也可能出現各種健康問題。

也有所謂「唐氏症寶寶是天使」的說法，在家裡能為家人帶來療癒能量。有些唐氏症患者在書法等藝術方面有特殊才華，如果可以發展這些能力，他們的人生也可以大放異彩。

寶寶被診斷出唐氏症時，父母的反應也不一。高齡懷孕的初產孕婦，大都會做母血唐氏症篩檢，得知為高風險後，有些伴侶會明確決定「做羊膜穿刺，如果寶寶真的是唐氏症就終止懷孕」，也有伴侶拿不定主意，在要不要做羊膜穿刺或繼續懷孕之間猶豫不決。

有些唐氏症寶寶在懷孕期間就被診斷出來，有些則是生下來了才知道，無論哪種情況都會為家庭帶來煩惱。但是，隨著時間經過，多數家人也會逐漸接受。**這個世上，除了唐氏症以外，每個家庭都有不為人知的煩惱。**比方說，我有朋友因為哥哥足不出戶沒有工作，所以決定不結婚。也有同事因為手足有精神疾病，所以決定一直單身。

我當然尊重他們的個人意願，但是**不管家族成員有唐氏症、繭居族或罹患精神疾病，個人與家人的人生都應該分別看待。**我覺得社會應該支援這些需要幫助的人。日本自古以來就有「村八分」（全村共同絕交的霸凌）文化，不一樣的人會遭到冷落忽視，這在歷史上也廣為人知。日本社會面臨必須改變的重大課題。

同時，我們也得思考：**這輩子要學的功課是什麼？**

人生有很多不如意的事，我們也可以當作是自己選擇的人生課題。對於選擇生育唐氏症寶寶的朋友，妳可以理解成她選擇了自己的人生課題。當然，她一定會有許多掙扎，之後也會遇到具體困難，到時候妳一定要給她支持。

我希望告訴那些家裡有困難狀況的人：「這個社會上有人很願意伸出援手。」

現代社會的家庭型態與孤獨

小時候，我覺得週日就是要家人一起過，這應該是源自我父母原本就有家人一起過週日的習慣吧。自從我開始獨立生活，週日就變成無所事事的一天，現在則變成尋常的工作日。

比起四十年前的小時候，現代社會已經有所改變。首先，很多家庭不一定都有父母雙親。

我家目前屬於最小的家庭單位，我與貓咪毛孩一起生活已經一段時間。我的朋友當中，有單親媽媽、單親爸爸、被外派的已婚人士，或是核心家庭但小孩已經獨立生活，也有已婚卻各自生活的夫妻。此外，也有同居卻不登記的伴侶、有孩子或沒孩子的同性伴侶，或是生了孩子以後，另外與女性伴侶同住的女性。二十五歲以前，個人的性別認同或許還存在模糊地帶，有些人是年紀漸長才有自覺。

我強烈意識到，**所謂的「家族」其實可以有多元型態。往後的社會，無論有血緣、沒血緣，都可以成為一家人。**如果想和某人一起生活，卻因為不合社會規範或不合常理而無法如願，那真是非常遺憾。

隨著年紀愈大，很多人會面臨需要照護的狀態吧。當然，如果老了身體也健康，然後死得乾脆俐落，不需要人照顧，只靠社會福利過活多麼理想！不過，現代社會最大的問題在於「孤獨」。

在無人島上獨自生活，沒有人陪你說話，無依無靠是一種孤獨。但是，在目前的社會，即使有很多人也會感到孤獨，而這種孤獨比無人島上的孤獨還要使人心傷。

「孤獨與健康」的相關研究非常多，某項著名研究指出，持續孤獨會導致早死。**孤獨會在無形中一點一滴侵蝕身心，請大家一定要多加注意。**

當然，我的意思不是乾脆去住無人島還比較好，而是最好找到可以一起安心過日子的人！即使不是男女關係也好，沒有戀愛關係也好，比方說共生住宅（share house）就很不錯！高齡者同住一起，各自提供拿手技能，生活上互相幫助。如果彼此可以安心共同生活，就不容易感到孤獨了吧！

解決孤獨狀態很困難，有時等到有所察覺往往已經太遲。

年輕的時候，可以透過學校和興趣等途徑交到朋友，如果彼此都珍惜友情，當然可以長期往來，一起安心過日子。不過，如果其中一方覺得厭煩，或是距離拿捏不好，也可能導致友情終結，過了數十年想再和好如初也不容易。

因此，到了交朋友很困難的年紀，更要珍惜現有的重要關係。真正稱得上摯友的人，人生當中少之又少。我很珍惜目前願意和我保持往來的人，以及沒有利害關係還能在一起的朋友。

現代社會的家庭型態有很多種可能，如果自覺很孤獨，不妨嘗試用不一樣的方法脫離孤獨吧。

已經組成幸福群組的人，除了要互相珍惜，看到周圍可能正處於孤獨的人，可以想辦法分享一些關心給他們。這樣的相處模式，從廣義來說，也是之後的家族型態吧。

保持柔軟，彈性面對人生

本篇我想談談「面對往後人生的重要思考方式。」

我想像中的理想社會，就是「友善社會」。為了對人友善，我們平時就該思考「處於何種狀態，才可以對人友善？」

首先，**當自己完全沒有餘裕的時候，就無法對人友善吧。所謂「餘裕」，指的是體力、時間、經濟和心情上的四種餘裕。**

比方說，昨天晚上睡眠不足，所以今天體力不支。或是，與另一半吵架了，狀況沒有解除，心情就沒有餘裕。現在的自己，哪方面有餘裕、哪方面沒有餘裕，最好可以逐一客觀檢視。

有餘裕過日子很棒，即使有時可能沒有餘裕，也不可能剛好四種餘裕都同時沒有吧？哪些部分沒有餘裕，自己要心裡有數，然後想辦法改善。

另一項思考，就是與誰一起生活。我們的社會可以有多元型態的組合。

如同前文所述，現代社會的伴侶關係，已經不限於男與女的組合。一輩子單身的人和熟年離婚的比率愈來愈多，人可以選擇一輩子自己過，也可以開啟新的伴侶關係，不必局限於一般的伴侶關係。

透過與某人一起生活，我們感受到重視與被重視，從中獲得安心感和幸福感。這種狀態就是友善狀態，能讓我們擁有健康和幸福。

為了讓社會整體幸福，身為社會的一分子，我們每個人都要過得幸福。為了讓自己幸福，應該盡可能擺脫既定觀念，思考接下來的人生如何讓自己過得更幸福。

人的年紀愈大，思考愈容易僵化、喪失彈性。不要被動地等待年歲漸長才去面對，要預先想像接下來可能發生的事，提早做準備。

為了保持心情的餘裕，最好的辦法就是與周圍保持良好的關係。比方說，有些話不一定要說，說了自己覺得痛快，卻可能會傷害到對方，讓彼此的關係變差，那寧可忍住不說。讓自己維持幸福的方法，其實就藏在這些日常生活的小細節裡。

接下來的時代，我們的社會將會接納更多新看法和新思考。大家也要更活化思考，讓自己的想法更有彈性。

Chapter 7

關於人生和工作生涯

丟掉這些包袱，你會活得更幸福

Letter

我四十多歲，單身。三十多歲與男朋友分手後，就沒有新的對象，在工作上也得不到認同。同期的男同事已經當上主管，我在職場發展卻不如意。想到以後得回老家照顧父母，就覺得自己的人生這樣下去真不幸福。想要擁有幸福的人生，我該怎麼做？

人不覺得自己幸福，我覺得有五種原因。

第一就是主觀偏見。在工作、戀愛和家人等各方面，都自我局限在「我就是這樣」的框架裡，封閉了自己的潛能和可能性。舉個例子，在工作上無法全心投入時，如果自以為「我的能力只有這樣」，往往不可能有所改變。如果有其他更可以發揮能力的環境，不妨換工作吧。自己開創事業也可以，改變的可能性有很多。尤其本篇這位聽眾的情況沒有結婚，也沒有住在老家，在外面獨自生活，對於自己的生活和未來，簡直是「想怎樣都行」吧！首先，拋開維持現狀、自己無法改變的偏見，就是邁向幸福的第一步。

第二和第三，就是恐懼和不安。恐懼以後沒辦法保持現狀，所以覺得不安，再加上「對之後得照顧家人感到不安」，但是那天根本還沒到來。想像還沒到來的事情產生不安，只是無中生有的恐懼和不安。

人會產生恐懼和不安，如同我在第二章「人為什麼而活？」那篇所說的，是因為「想像力」使然。人類以外的生物，多數只有面臨死亡才會恐懼，四隻腳即使少了一隻，也會用剩下的三隻腳拚命活動。但是，我們人如果少了一條腿，想到未來彷彿一片黑暗，多數人往往得花很多時間才可以振作吧！

第四是愛比較的壞習慣。拿同期的男同事與自己比，就像「別人的永遠比較好」一樣。不要太在意別人，自己是否成長，與過去的自己相比就好。我在第一章「厭倦一直和別人比較嗎？」一篇也提到，看待外在評論時，不妨先檢視周圍評價與自我評價是否相符。萬一兩者有落差，就必須找出原因。比方說，是不是努力沒有被看見，根本就是白忙一場，或是與周圍的人溝通不良，還是要求太多造成反感？一定要自我反省，找出評價降低的原因。

或者，也可以乾脆讓自己離開受人評價的環境，待在只需要考慮自我評價的位置，就不必擔心外在與自我評價會產生太大的落差。

無論如何，一直與人比較不會幸福。羨慕別人手上擁有自己沒有的門票，門票也不會到手，不如積極思考「在沒有門票的情況下，我要如何找樂子？」，還比較實際！

第五是自卑感，這是最大的因素。為了捨棄自卑感，首先不要想那些自己做不到的事，把眼光放在自己能夠做到的事吧！這與「優越感」無關，善用自己擁有的東西愉快過日子，這種思考方式才能讓自己幸福。而且，人生總會發生我們預想不到的事，如何看待這些事，也會使未來產生改變。

有句話你一定聽過，就是「知足常樂。」有些人身體健康，有工作可以賴以維生，小有積蓄，而且有家可歸。也有人罹患疾病，手腳無法動彈。接受自己的現況，想辦法發揮自己能夠做到的事，這就是帕運選手（Paralympian）的運動家精神。

無論如何，「自己的幸福由自己決定。」希望大家可以意識到主觀偏見、自己想像出來的恐懼和不安、愛與人比較的壞習慣，以及從中衍生的自卑感，都是妨礙我們感受幸福的原因。我常說自己「還算幸福」、「比想像中幸福」，雖然有一兩成無法盡如人意，但是我也覺得「算了，那就這樣吧！」

亞里斯多德的說服三要素，你平常做到了嗎？

前一陣子，在婦科的運動醫學講座，有位參與者對我說：「我現在覺得自己身為指導員，有必要傳達負責任的訊息！」發現我的想法對聽眾產生正面影響，當下真的非常高興！

當我們想對別人傳達某些事情，效果卻不理想時，該怎麼辦才好？本篇我想談談這件事。

古希臘哲學家柏拉圖的弟子亞里斯多德曾經提出，想要說服別人往往需要幾項條件。

第一項絕對條件就是，「內容如果不正確，就無法服人。要有理論基礎。」希臘語是「logos」，意思是「邏輯」，後來演變成英語的「logic」。但世上的常識和事理的正確性會隨著時代改變，所以可以理解為「當今時代被認為正確的新資訊。」

如果只有邏輯，很可惜，還是無法說服別人。要是沒有熱切的情緒、感情和心意，就無法說動對方，這就是第二項條件「pathos」，也就是後來英語的「passion」，意思是「熱情」。

第三項重要條件就是，「說話者是否適合傳達該內容。」這就是「ethos」，也就是「人格」的意思。

想要傳達某件事，關係到傳達者是否可信、是否用充滿熱情的態度傳達正確資訊。如果滿足這些條件，傳達者又是適當的人，通常可以成功傳達。

有趣的是，亞里斯多德又表示邏輯、熱情和人格的優先順序，其實應該反過來才對。也就是說，先決條件為傳達者必須是合適的傳達者，否則難以成功說服別人。

我有在教瑜伽，如果我不是適合推廣瑜伽的人，就算我說破嘴，也無法使人信服。舉個例子，如果我在上課前急忙從廁所出來，然後脫掉拖鞋隨意亂丟，學生看了應該會搖頭，覺得老師「竟然是不會把拖鞋擺整齊的人！」

我們往往從平常就開始觀察一個人「是不是適合學習的對象」，如果答案是肯定的，就會照他的話做。如果答案是否定的，即使他講得多正確、情感多真切，都不會全部買單。

如果覺得別人不信服自己，請先檢視一下自己日常生活中的言行舉止吧。其中，倫理觀很重要，遵守規矩和約定、為家人和夥伴著想，這些都是必要條件。人是有想像力的生物，想像對方的心情，然後思考自己可以做到的事也很重要。不過，也不必過度嚴待自己，「自己想當怎樣的人」，自己決定就好。

社會上被尊稱為「師」或「士」的人，例如：醫師、國會議員、律師，以及學校老師和運動指導的教練等，尤其得認真思考自己傳達的資訊對周遭的影響。為了取信於人，自己應該做好榜樣，意識到「別人在看，所以注意自我言行」，後來自然就會嚴以律己。

很多時候，不少人在沒有時間和心情的餘裕時，就連不亂丟垃圾、把拖鞋擺好這種理所當然的小事，可能也很難做到吧？這些行為即使沒有人看到，上天一定都在看。用這種心態約束自己的日常行為，你想傳達的話自然能讓人信服。

想想「自己處於何種狀態，最容易讓人信服自己？」以這種角度，回頭檢視自己的生活方式，以及日常的行為和表現吧！

二十幾歲應該多做的事

Letter

我現在二十八歲，哪些事應該趁著二十幾歲做比較好？高尾醫師會對二十多歲的自己給什麼建議？您人生中重視的事是什麼？請與我分享。

回顧我的二十世代，我在二十四歲成為醫師，之後都在打基礎，一直沒有機會好好安排旅行，即使旅行也是到國外參加學會。像醫師這種職業，目標通常極度明確，只要開始一個目標，比方說「學會開腹手術之後，就是學內視鏡手術」，下一個目標往往就在眼前。由於一直集中精神完成特定目標，幾乎沒有機會像現在這樣，可以用比較大的角度看待事情。

從事非醫療職業的大家，一定可以有更多姿多彩的經驗吧。如果我是二十幾歲，我最想做的，就是體驗很多與工作無關的事。

三十五歲以後，我在大學醫院工作，開始有連續休假，很常到國外旅行。（大學醫院聽起來好像很忙，但是比起一般醫院和綜合醫院，醫師人數多很多，所以比較容易取得休假。）

經常到國外旅行的原因之一，是我已經當醫師超過十年，持續練瑜伽的同時，也非常想知道「從世界的角度來看，日本是怎樣的國家？」

我印象最深刻的國家是泰國，去的時候剛好碰上泰王生日，所以全國舉行祭典，非常熱鬧。我覺得泰國是以國王為中心，很統一且發展很好的國家。

搭船的時候，我看到身披橘色袈裟托缽的僧侶，宛如電影《緬甸的豎琴》場景重現眼前。由於無法用英語溝通，所以沒辦法直接對話，但是我好奇地靠近他們，他們也很友善，與我在船上共度愉快時光。親身體驗書中和電影中的場景，真是很美好的經驗！

不過，在醫療保健方面，他們還有進步的空間。前來日本考察的緬甸醫師表示，當地女性罹患乳癌的比率很高，也還未成立乳癌的健診系統。當時，我們醫師還一起討論：「從日本輸出舊型的乳房攝影機，或許可以連帶提升醫療技術。」當下其實沒能實際做什麼事，只是同事之間談一下，內心有些感慨而已。人生中，有機會多了解其他國家，才有機會回過頭看看自己的國家。

目前我的人生最關心的事，就是想像自己以外的人處於何種情況、在什麼環境下生活。

應該趁著二十多歲時去做的事，我的建議是多到國內外旅行，「了解有人生活在與自己不同的環境。」舉例來說，在社群媒體看人發布訊息，與實際感受他的生活環境，是截然不同的兩回事。我在東京發布自己的感受，其他地方的人其實難以真正體會我的實際感受吧。

想像不同地方生活的人處於什麼情況，是值得我們關心的事。把自己放到不同的地方，到先進國家以外的陌生國度看一看，也是很好的體驗。

最後我想說，二十幾歲是非常棒的時期。隨著年紀增長，不少人會覺得「失敗很難看」，但是在二十多歲時，我們可以盡情挑戰，就算失敗了也不奇怪。**這個階段最適合嘗試新事物，長久持續或中途放棄都無所謂。十多歲剛結束學業沒多久，一定要增廣見聞，盡可能讓自己體驗更多事。**

猶豫不決時，該如何做決定？

人生中常有不知道如何做決定的時候，據說我們每天要做七千次選擇，隨時都面臨做決定。

比方說，猶豫要不要遵守規則，「雖然是紅燈，但是沒車，所以開過去」，或是「順手牽羊」等。當猶豫要不要做「絕對不好」的事時，幾乎都會心跳加速，身體也知道你要做壞事。當心跳加速時，身體處於交感神經優位，對身體本身就是一種壓力，意思是在告訴你，不要這樣做比較好喔！

再舉其他例子，比方說要不要接下某份工作。假設自己固定出席某項演講活動，很有意義，但是報酬很少。準備演講的時間，到現場耗費的時間和心力，以及演講本身，是否符合自己收到的報酬？這是很現實的問題。**一旦心生遲疑，很可能就是不符合效益。遇到這種情況，請問自己願意做多少讓步，再做決定。**

像這種情況，我盡量不會讓自己猶豫太久，因為猶豫不決會變成我的壓力。如果是某種程度可以接受的報酬，又是長期合作的企業或組織，我會心懷感激地接下工作。對方如果很有誠意，也是我會考慮接受的原因之一。

另一項判斷基準，就是是否會讓我覺得心動。二〇一九年十一月，我曾經拜訪非洲肯亞，那是很偶然的機會。參加國際人口與發展會議二十五週年（ICPD25）國際會議，至少必須預留一個星期的行程，我收到邀約是在三個月前，時間上有些匆促。

不過，一知道要去的地方是肯亞，我非常心動。不是坦尚尼亞，也不是迦納，是肯亞耶！因為我非常喜歡紅鶴，一直想去非洲大陸的肯亞看紅鶴。

一般，我都是半年前就開始排行程。確認行程表後，發現那一週只有一項演講工作。當然，我在ihc表參道診所也有診療，但是兩個月前申請代診就可以請假。然後，我找演講單位協調改期，對方也願意為我調整，我才可以順利拜訪肯亞。

其實，在日本當醫師，沒有非得去肯亞的必要。不過，很多事還是得實際到肯亞一趟才能體驗。我到現在還是覺得，還好當初有花心思調整行程到肯亞！

現在回想起來，當初會猶豫也只有針對調整行程而已，我的內心早就決定要去。因此，**當自己猶豫不決時，可以問問自己的心是否躍躍欲試吧！**

身為社會人士，我們也有不得不放棄的時候。**物理上、時間上、經濟上和距離的問題都要考量在內，會不會給周圍的人帶來困擾？根據這些條件綜合判斷，自然就會產生**

答案。

有件事必須特別避免，就是不要一直猶豫不決耗下去，因為這會影響到對方，畢竟調整也需要花時間。優柔寡斷非常浪費時間，想做就做，想放棄就馬上把那件事拋在腦後。決斷要簡單俐落，如果腦中有好幾件事猶豫不決，很可能會妨礙其他重要思考。猶豫不決的事愈少愈好，趕緊傾聽自己的心意早做決定，然後為自己的決定負責。

世界上有很多煩惱，無論做什麼選擇，都會使往後的人生產生變化。大家回顧過去，多少都有「那個時候如果怎樣做，該有多好」的想法吧？**無論後悔與否，只能再踏上新的階段，繼續累積自己的時間和經驗，這就是人生。**

為什麼要賺錢？如何使用金錢？

本篇要討論金錢，告訴大家錢的重要性。

首先，我們思考一下金錢的概念。遠古時代，大家彼此交換勞力，最後形成社會。比方說敵人入侵時，單獨作戰很辛苦，幸好有人總會提早發現，讓大家可以先行逃跑。人類善於互助合作，才得以倖存下來，透過部族和組織互助的智慧保住性命，進化成存活至今的生物。

隨著社會發展，人類開始出現以物易物，於是產生個人欲望，也意識到「一條魚與一顆蘋果不是同等價值。」為了公平交換物品，於是產生貨幣，透過貨幣換取價值相當的物品。

到後來，服務、指導和仲介等無形價值，也可以用金錢交換。直到現代，連網路上的價值也可以產生金錢。對我們來說，金錢這種東西，就是「為了使用而賺」。

不過，連我在內的多數日本人，都不擅長談論金錢，即使強烈希望「對方了解自己的價值」，卻沒有足夠的能力和努力告訴對方自己的價值。**為了確認自我價值，首先要**

對自己的能力設定價格與報酬。

當然，有些工作是因為喜歡才開始，或是因為興趣才做，也有無償的義工。不過，這些工作如果完全都沒有報酬，往往很難長久持續下去。在很有熱情、覺得很有意義的時候，當然會很願意投入這些工作，但是心情總有波動，有時候很有幹勁，有時候會提不起勁。如果工作有報酬的話，就算提不起勁，也願意賣力工作！這種經驗大家都有過吧？

接下來的重點就是，金錢要花用在何處？

我賺錢的第一項目的，就是用來加強技能。舉個例子，我會買書、參加研討會，或是學習運動方面的實際技能，把錢花在提升能力。不過，我對取得證照持保留態度，如果是必要的知識和技術還可以，要是取得不知道做什麼用的證照，可以不必特地花錢。

至於其他使用金錢的方法，例如：到美術館增進藝文素養、聽喜歡的音樂或看電影等，雖然與提升技能沒有直接關係，但是有助於培養靈感和創意，也有正面影響。到富士山附近泡溫泉，可以讓自己放鬆充電，把錢花在這類「恢復精力」的活動也很重要。

第二項目的，就是用來買時間。比方說，在某些特定領域，花錢請專業人士承包工作，或是花錢選擇更省時的交通工具，好讓我有更多時間思考新構想，或是準備演講和教學。為了節省寶貴的時間，我願意多花一些錢。之前有篇推特投稿引發話題，標題是：「當媽媽至少要做馬鈴薯沙拉。」想要表達對孩子的愛，不一定都得透過勞力，「為了獲得更多自我時間，買市面上的馬鈴薯沙拉」，也沒什麼不好。

每個人的生長環境，以及對時間的觀念各不相同。只有一天二十四小時這件事，對每個人來說是真正的平等。「因為時間無法儲存，所以改為存錢」，對一些人來說，這應該就是儲蓄的基本想法吧？

我賺錢的第三項目的，就是用來表達心意。比方說，送禮給重要的另一半和家人表達感謝，或是請周遭的人吃飯。在我還是菜鳥的時候，也常常讓前輩們請客。資深的醫師前輩請客，用意經常是鼓勵「大家明天也要愉快工作」，我也想學他們這麼做。把金錢用於表達日常感謝，對我來說很重要。

用金錢表達心意的方式，捐款也是其中一種。個人捐款雖然不起眼，但是這種「想要幫助他人」的心意很重要。二〇一一年東日本大地震（三一一大地震）之後，我每年都會對特定機關捐出固定金額。此外，我從小開始，每年也會捐款給「足長育英會」（あしなが育英会）幫助孤兒。當初是我母親幫我起的頭，我受到父母的庇護得以健全成長，想要幫助那些失去父母的孩子，正因為我沒有孩子，也想為下個世代盡點心力。

透過捐款，對自己的情緒也有正面影響。如果大家有餘裕的話，也可以在一整年的支出中，準備一筆錢幫助弱勢族群。

對金錢的使用有明確的認識後，更會產生賺錢的動力，可能對賺錢和花錢的方式也會有不同的思考。**不再「只管存錢就好」，或是「因為莫名不安，所以應該存錢」，為了完成想做的事，如何想辦法賺錢，如何讓金錢用良好的方式循環，希望大家可以思考看看！**

把「顧客」變成「粉絲」

前一陣子，某食品製造商的業務找我談合作。由於該食品與我的專業無關，我請教對方找我合作的理由？他表示：「想增加更多提升品牌和公司價值的粉絲。」這句話令我印象深刻。

所謂「業務」的本職，就是販售商品。身為大企業當中的一名職員，不只追求業績數字，思考的竟然是「透過對社會產生貢獻的商品故事，提升商品的品牌價值。商品的價值提升，公司的價值也跟著提升」，真是了不起！

品牌「圈粉」往往不是短短一天、一個月或一年就可以輕鬆做到的事。「粉絲」的對應詞彙就是「顧客」，但很多人都說：「顧客與粉絲不一樣。」

所謂「顧客」，往往是認為我提供的「產品」——演講和講座——有價值的人們。不過，他們也可以從其他地方獲得相同價值的東西。比方說，如果有人買了我賣的蘋果汁，他就是我的顧客。要是附近也有人賣相同產品，而且價格還比較便宜，他可能就會改向別人買。

換作是「粉絲」，通常更在意的是「提供者本人」。覺得跟我買蘋果汁很有價值的人，就相當於我的「粉絲」。單純想增加顧客，只要增加商品的數量和種類就容易做到，但如果別人也賣起相同的商品，可能也容易流失顧客吧。因此，我們應該經常思考「怎麼做，才可以增加粉絲？」

那麼，**想要增加粉絲、持續圈粉，具體應該怎麼做？不能只賣東西，連同東西背後的故事一起行銷，才會產生價值。**

前述業務找我合作，是希望我告訴社會大眾：「在購買健康相關商品之前，自己能先做到什麼。」也就是說，希望我傳達「為了身體健康，選擇食物、運動和休息很重要。透過調整生活習慣，可以減少身心失調」，之後再介紹商品。我心想：這麼做，商品或許會賣得不好吧？但對方說，即使賣得不好，也希望與我合作，「想讓社會變得更好。」這一點讓我非常高興！

舉例來說，如果針對牙齒咀嚼不便的高齡者銷售質地柔軟的食品，若主動告訴高齡者如何維護牙齒健康，可能會不利於商品銷售，但對方卻說：「希望社會變好，即使不再需要商品也無所謂」，只要對社會好就好。盈利企業能有這種利他態度，尤其難能可貴！

販售高血脂藥物的製藥公司，因為希望藥物賣得好，往往不會主動提及預防高血脂要如何注意飲食和保持運動習慣。使用藥物的「顧客」，是不得不吃他們的藥，所以稱不上粉絲。

往後，社會運作的重要目標之一，就是增加公司和組織的粉絲（當然是能夠增加粉絲的行業。）比方說，我對顧客提供演講和講座，透過這些活動，有人會對我感興趣，願意聽我講話，也會有愈多人想找我諮詢，這些人或許會成為我的粉絲。所以，我得自我精進，「把日常生活過得很好，維持理想的自己」，努力讓更多人知道我。

或許，有很多人跟我有相同的想法。**受到喜愛的人，可能是因為提供的「產品」受到喜愛。雖然這表示有很多潛在的顧客，如果可以進一步讓別人「喜歡自己」，增加更多死忠粉絲，未來應該還會有所改變吧！**

打造個人品牌，學會自我宣傳

這一篇的主題是：「建立個人品牌的方法。」無論是自由業，或是隸屬於某個組織，如何讓社會看到自己，與具備實力同等重要。

我打造個人品牌的戰略，就是行銷和創新。所謂「行銷」，就是面對市場如何把自己推銷出去，首先要把自己當成一樣商品。

話說回來，我們醫師只要靠醫院的名氣或是所在區域，自然會有患者上門，幾乎不需要自我宣傳。但是，其他工作，比方說我也是瑜伽講師，並且從事健康管理的工作，就必須清楚自身優勢，除了行銷，也要建立個人品牌。

把自己當成商品時，首先要釐清「市場的需求是什麼？」，然後思考「自己的實力如何符合市場需求？」。需求與自己做得到的事（供給），兩者重疊是最重要的部分，再加上「自己想要達到的目標」，三者重疊的部分就是「工作價值」。

無論對方如何要求，如果超出自己的能力，也應付不來。即使勉強應付過去了，往往無法長久持續下去。首先得知道自己的斤兩，也得了解自己在市場上，也就是組織和社會中，符合供需重疊的部分有多少，接著在內心確認「自己想對什麼事、什麼人幫上忙？」。站在我的立場，最重要的目標是「幫助女性」，下一步就是幫助該位女性身邊的男性。

請務必思考自己與眾不同的地方，這關係到被選擇的是其他人還是自己。一定要意識到自己的主軸定位，思考自己是個什麼樣的人。

我的主軸路線當然是婦產科醫師，而且是「受到社會認可的專業婦產科醫師。」即使會出現在媒體上，也能做一般的臨床診療，以婦產科醫師的身分為社會帶來貢獻，這件事對我來說最重要。

以這個主軸為中心拓展，試著增加能產生貢獻的工作。我長期接觸體育領域，了解現場會發生什麼問題，所以可以擔任運動醫學科醫師。此外，某次受傷讓我接觸到瑜伽，從此愛上瑜伽，也由於我很了解女性的身體，所以可以指導瑜伽指導員。對職業婦女來說，我也是企業健康管理顧問。這種多元化的工作型態，就是我的與眾不同之處。

我經常思考創新，想著「要怎樣做，才能變得更好？」以婦產科醫師為基礎，往哪個方向拓展，才可以對社會產生更多貢獻，進而影響更多人？

建立個人品牌，一定要學會有效發布訊息。現代以社群媒體為中心，我習慣用推特發布訊息。我的推特幾乎都是我的發言和照片，即使轉發訊息，我也會在原始訊息加上自己的意見。另一方面，我會在ＩＧ放其他社群平台沒有的花絮照片，說白了就是一些無關緊要的訊息。如果連我的ＩＧ都看，就是我的粉絲。粉絲們會告訴我「如何改變更好」，是非常重要的存在。

想把顧客變成粉絲，一定要讓別人對自己產生興趣。根據目的，運用不同的工具發布訊息，也是打造個人品牌自我宣傳的必要技巧。

如果發布訊息的效果不好，就得反省三件事，是否訊息太多、訊息不足，還是方向錯誤？比方說，發文太多、發文太少，或是廣告內容太多等。此外，決定方向也很重要，是針對個人、組織、企業，還是社會全體？如果沒有鎖定好對象，傳達方式就容易模糊焦點。

就我而言，講座是對個人發言。如果受到企業委託，就是對組織或管理階層發言。我的建議當然是希望委託的企業更好，但我期待的最終目標是對社會整體產生貢獻。

我一直樂於建立個人品牌自我宣傳，這會讓我覺得愈來愈接近理想的自己。我對自己訂有最終目標，透過自我宣傳，可以讓我確認自己目前處於哪個位置。不管別人的評價如何，我會一直往自己的理想邁進。

當我們承蒙委託，覺得自己幫上忙，得到的成果會產生之後的動力。**每個人都有自己的魅力，首先意識到自己的優點，邁出第一步吧！**

突發狀況的應對，往往令人留下深刻的印象

這一篇想告訴大家：「社會評價經常來自突發狀況的應對」，比起日常業務和例行公事，突發狀況的應對，更容易讓對方留下深刻的印象、產生評價。

表參道之丘有間餐廳叫做「野菜屋」（やさい家めい），可以吃到美味蔬食，我很喜歡去。近來，因為新冠疫情影響，所以比較少去，大概四天去一次左右。表參道一帶很多店都無法預約午餐，但由於我是常客，所以他們多少會給我方便。遇到時間有限的午餐會議，我都會預約這家餐廳。我跟這家店的交情深且長久，其實有些緣由。

大約十年前，我第一次到這家店用餐，由於我從自家前往，所以穿得很休閒。當時，我點的是店裡的招牌料理「農園沾醬套餐」（農園バーニャカウダ），就是用生菜沾鯷魚醬的餐點。享用餐點時，我不小心把喜愛的長T恤袖子沾到醬汁。我到現在還記得很清楚，當時我說：「這件T恤不貴，但是我很喜歡。有沒有辦法可以處理？」當時，店長馬上想出許多方法幫我處理。這家店確實很美味、蔬食很不錯，價格也很合

理，但是我印象最深的，就是他們很棒的應對。由於店長很值得信賴，後來我經常光顧這家餐廳。

日常生活中，很常發生這樣的事。**處理日常業務，當然也需要相當的能力，但是真正能夠抓住對方的心的契機，經常發生在突發狀況時的應對。**

舉例來說，在健身俱樂部小班制的課程中，音響有問題，導致音樂停止，或是進入瑜伽最後的大休息，由於燈光設備有問題，所以沒辦法把燈光調暗等。遇到這類的突發狀況時，指導員會說什麼、採取什麼行動，「顧客們」都等著看。突發狀況下的發言和行動，往往透露真實想法，有些指導員或許會表現出「很想趕快結束、想避開麻煩」的態度。

身為醫師，我可能也會遇到一些突發事件，比方說內診檯上有病患，卻因為地震等原因無法調整躺下，或是超音波機器突然斷電沒辦法使用。遇到這種情況，或許因為處理時間延遲，導致「患者和病歷愈積愈多」，但這是醫院該傷腦筋的事，醫師首先應該安撫患者的情緒，說什麼話、採取什麼行動都是重要的判斷。

情侶關係也是一樣。一起去兜風時，遇到麻煩人物或是陷入塞車，會不會一生氣就亂開車？對於突發事件，會說什麼話、採取什麼行動？像這種關鍵時刻，另一半和周圍的人都在看著。

面對日常生活中的各種場合，一定要經常意識到「突發狀況的應對，往往令人留下深刻的印象。」

Letter

一直無法晉升管理職，該如何自我調適？

我五十出頭，與丈夫、兒子三個人過日子。我是公務人員，頭一次因為心理問題休假中。前一陣子，由於停職期間即將結束，我去醫院接受檢查，卻被告知停職再延兩個月，我很受打擊。我兩年前考過主管資格，但是職位到現在都沒有調整。職場主管幾乎都是男性，年紀也都比我大。去年年末，我氣不過，直接跑去問長官：「為什麼我不能升主管？」長官回答：「因為妳還年輕。」因為這件事，我開始失眠，到身心醫學科就診，然後變成停職。我該如何調整情緒才好？

因為比較年輕所以得不到職位，之後變成停職，**這種情況或許是職場上還有前輩，因為年功序列論資排輩，所以先占了主管職位。**

醫界也有這種情形，多半都是根據年齡給職位。一般來說，國立大學醫院的退休年齡是六十歲，私立大學是六十五歲，等前輩退休空出位置，才會從下面遞補。所以，「上面的還沒退休，就算待著，也當不了主管。」中堅幹部和更上層世代會逐漸退休，這種情形在大學醫院和綜合醫院都一樣。日本社會正在不斷改變，但仍保有年功序列的制度，加上如果職場大部分都是男性，女性就更沒有機會擔任上位。

本篇的聽眾如果順利繼續工作，等時代更進步一些，女性也能確實當上主管吧。因為職場不合期望所以失眠，被醫師認定心理狀態不佳、得繼續休息，這與最初期待的目標，可以說是相差最遠吧！

本篇聽眾的情況，應該是可以盡快回到職場。當然，如果身體狀況不好，因為心理因素，無論如何都無法回歸職場，也完全睡不著，那就不需要刻意激勵自己返回職場。暫時遠離職場，如果可以讓狀況變好，那也無所謂。不過，如果對職場有執著，離開會帶來負面影響的話，那建議還是盡快返回職場。即使目前暫時放下希望，之後還是要繼續工作，才會更接近自己的理想。

之前對長官提出升職要求，如果停職期間很長，往後很可能以此為由被駁回吧。短時間的停職或許不會造成影響，但如果長達半年，甚至一、兩年的話，這段期間會被視為對組織和企業沒有貢獻，造成較大的負面影響。

醫師診斷必須延長停職兩個月，如果自己非常有意願返回職場工作，可以再找醫師討論看看。兩週後，再找醫師談一次，請醫師開立診斷書，或許會更有希望。

在日本工作的同世代女性，應該有不少人處於這種尷尬情況。其實，我也有過相同遭遇，但是我豁出去向上級開口後，自然就丟了那份工作。雖然不同行業的進展稍有不同，但是在往後的時代，女性也像小石子不斷堆積那樣，獲得地位的機會也會愈來愈多。**如果自覺還有爭取的空間，就早點回歸職場，為了達到心目中的目標，試著改善環境也是一種方法。**

「家庭第一，工作第二」沒什麼不對

Letter

我三十一歲，育有兩名孩子，分別是一歲和兩歲。我周圍的人請育嬰假，都在一年以內回到職場，而我想盡辦法連續請了四年育嬰假。或許會被公司認為我無心貢獻，那也沒有辦法，而且其實我也不是很在意。請育嬰假前，我每天都拚命工作，根本無法想像自己會全心投入育兒，還向公司表示很快就會回到職場。目前的我把工作丟在一旁，想要陪著孩子，把時間花在孩子的教育上。雖然對公司感到很抱歉，但我決定至少十年都要以家庭為重。雖然無法對公司明講「家庭第一，工作第二」，但是在育兒穩定以前，工作上我只求盡到本分就好。高尾醫師對於長期請育嬰假的人，有什麼看法呢？

對於以家庭為重的工作態度，我的看法很簡單，就是「也沒什麼不好。」

每個人所處的環境都不同，比方說年紀不同、孩子人數不同、有沒有另一半等，這些都會讓個人的條件不同，也有人沒有結婚、離婚，或是與另一半分隔兩地。

年齡和條件狀況，會影響對工作和育兒投注多少心力。單身、結婚但還沒有孩子、知道自己已經懷孕，或是已經生下孩子，這些條件變化都會使得自己的環境大幅改變，心情當然也大不相同。三十一歲的年紀，想專心育兒並不奇怪，而且兩名孩子才相差一歲，會有現在這樣的情況也不難理解。

不過，這個社會可以接受請四年育嬰假的環境並不多，通常都會被委婉告知：「既然要請這麼久的假，不如辭職」，最後也只好辭職。在這種情況下，公司還允許請四年育嬰假，真的是非常禮遇員工的環境吧！既然公司接受長期的育嬰假，妳本身也想暫時放下工作，以家庭為優先，就等到可以放開孩子的手，再重新全心投入工作就好。為了實現女性在社會活躍的目標，期許將來的環境可以讓女性放心一邊工作，同時兼顧育兒。

如同本篇這位聽眾所說，這種做法難免讓公司覺得「無心貢獻」。長達四年的時間，人事至少都可以變動兩次了，等回到職場上，很可能被安排到陌生的環境吧。屆時從頭建立人際關係，可能會很辛苦。

每個人的情況不同，對公司投注多少心力，當然也不一樣，只要可以做出某種程度的成果就沒有問題。有些人看起來工作表現很好，其實不見得都全心投入工作，也有不少人把工作和興趣合而為一。我也經常被認為「工作占去許多時間，沒有自己的時間」，其實我的工作和自己喜歡的事多有重疊，完全不覺得負擔太重。

最後，我有點在意一句話：「無法明講家庭第一，工作第二」，其實多數人都是「家庭第一，工作第二」，這樣想沒有不對。**如果個人生活不幸福，工作也會提不起勁吧？我們都是為了讓生活更好，才努力工作的呀！**

我也是家庭第一。為了讓生活維持幸福，所以繼續工作，這是我每天的心情寫照。

工作不是人生的全部

Letter

我年過四十五，現在單身。目前面臨世代交替，請告訴我如何自處。我一心投入工作，回過頭發現，自己沒有家人、小孩和顯赫職位。後進人才輩出，覺得自己快跟不上時代的變化和工作節奏了。幾年前，我還很樂在工作，覺得可以做上一輩子，但在這一年感覺角色已經有所改變。由於我不是主管，所以必須聽年輕一輩的意見。我知道職場或許已經不需要我了，但考慮到生活、經濟和年紀，我沒有勇氣辭職，不知道自己為什麼而活……。「當時如果這樣做就好了」，我不想有這種後悔。面對現在這樣的情況，首先該怎麼做才好？

年過四十五還繼續工作的人，應該多少開始有「好像自己不是主角的感覺」了吧。目前的日本社會，四十多歲的女性多半把重心放在家庭，很多都做打工等非正職工作。對於那些感覺「明明一直以來，都把人生奉獻給工作，角色卻變了」的人，我想說工作不是人生的一切。

單身時代、育兒時代和過了育兒時代，隨著年齡變化，重心放在工作和私人領域的比例也會不同。單身的人和沒有孩子的家庭，往往會把重心放在工作，但是人生不等於工作。

世上絕大多數的工作，都是換人做也可以，社會本來就是這樣運作。以我為例，即使病患門診時指名要找「高尾醫師」，還是有其他婦產科醫師可以替代我，要是代診的機會一多，患者總會習慣由別的醫師看診。

當然，演員和藝術家等表演藝術相關工作，有時非特定人物不可。不過，就算把人生都奉獻給工作，如果發生事故或生病等意外事件，很可能就必須找別人來取代。也就是說，幾乎所有工作都是換人做也可以。因此，把人生的大半只拿來奉獻給工作，真的很可惜。

本篇這位聽眾首先能做的事，就是努力在職場上再次提升自己的存在感。可以嘗試運用以往建立的交際能力，重新思考自己在職場上的定位。年過四十五歲以後，很多人大致可以看到工作的前景，既然還有十五年才退休，或許可以更加發揮才能吧。**本身抱持何種想法，也會大幅影響未來。**

另一種方法就是，想通人生不等於工作，把工作當作賺錢手段，為了有錢可以愉快生活，所以繼續工作。由於繼續工作可以得到安全感，如果公司沒有勸退，不妨用溫柔守護後輩的立場繼續工作，並且規劃如何善用薪水享受往後人生。欣賞電影、舞台藝術，或是投入運動和觀看賽事都很不錯。**試著尋找值得投入時間、金錢的嗜好和樂趣，讓工作以外的時間更加充實。**

坦然接受「上了年紀」這件事

Letter

我是瑜伽指導員，已經六十歲，原本身體狀況良好，還能繼續授課，卻得了膀胱炎。怎麼會發生這種事？我感到吃驚又喪氣。醫師告訴我，這與年紀增長有關，因為雌激素減少，所以容易罹患這種病。我自認有攝取足夠水分，但還是不能對自己的身體太有自信，應該要更有自覺。雖然我經常對學生抱怨：「只要到醫院看病，馬上就會被說是因為上了年紀」，但實際上我應該更注意什麼？

首先，「上了年紀」這句話經常被負面解讀，本篇這位聽眾至今沒有經歷重大疾病，某種程度算是很安然地邁向老年。

年齡增加，的確會使卵巢功能下降、雌激素逐漸減少，但有女性在還有生理期的年紀就罹患婦科癌症，導致失去兩個卵巢，之後身體就經常出狀況。因此，身體可以自然老化，是多麼地愉快和幸運。

上了年紀確實容易引起身體失調，持久力、肌力、柔軟度、平衡感、姿勢、骨骼和體力，都會明顯產生變化。這些失調確實是因為「年紀變大」引起的，能夠坦然接受事實，思考「接下來要做什麼」才是重點。

本篇聽眾罹患的是膀胱炎，我沒聽過雌激素會對膀胱炎有什麼直接影響，所以不用太在意醫師的話。不過，夏季氣溫上升，如果水分攝取不足，無論什麼年紀都容易罹患膀胱炎。尤其身為運動指導員，更要注意攝取水分，確實注意排尿狀況，應該可以某種程度獲得改善。

年紀愈大，愈能從身體的活動和功能感受到老化。賭氣認為「上了年紀沒辦法」，只會讓身體機能一直衰退下去。**一旦察覺身體變化，針對自己意識到的部分，應該積極調整生活習慣才對。**

比方說，前面提到的骨骼變化等，如果發現自己的耐久力不如以往，在可以持續的範圍內，不妨保持運動習慣。當姿勢變差，就提醒自己保持良好的姿勢。即使肌力下降、肌肉量減少，無論幾歲，骨骼肌都可以增加，不妨好好鍛練。要是平衡力變差，為了預防失去平衡而受傷，除了手要扶好，日常生活中也要時常注意安全。這些注意事項都很重要。

若是柔軟度下降，問題應該出在軟骨和關節可動域的變化，這一般很難有大幅改善。應該設立目標：「今天做得到的事，明天也要做得到」，每天堅持不懈，就可能讓身體機能與一個星期前、一個月前，甚至是一年前一樣。**原本隨著年齡增加可能無法做到的事，卻還能夠保持做到，我覺得這就是進化。**

覺得自己「上了年紀」的想法沒有不好。**承認自己「上了年紀」，接下來想怎麼做，會讓之後的人生產生變化，請把這一點謹記在心。**

人生來到四、五十歲，未來還很長

本篇要分享兩則來訊，分別來自四十世代和五十世代的聽眾，談的都是以後的人生該怎麼過。

Letter

我年過四十五歲，丈夫在十二年前過世，兩個兒子已經獨立在外地生活。我的娘家很遠，和親人不親，沒有好朋友，也無人可以依靠。一直以來，我覺得自己還算幸福，可以一個人過下去，但是偶爾想到人生的最後要怎麼過，就會覺得莫名寂寞。我該如何調適這種心情呢？

首先，我想說：「才年過四十五歲，寫這些話不會太早嗎？（笑）」從長期來看，或許人生還沒遇到重要拐點呢？接下來，不妨試著挑戰一、兩件新事物吧！

無論到了幾歲，都可以勇於嘗試新事物。運動、畫圖、學習電腦操作等需要動腦的技能，或是讓自己到新環境看看。透過這些新規劃，就有機會遇見新朋友。

也可以試著尋找另一半。此外，即使不是戀愛關係，與一群人住在共生住宅也不錯。**讓想法保持彈性，就會發現，其實人生的樂趣非常多，往後的人生剩下的時間愈長，愈有機會碰到開心的事！**即使年過四十五，也可以再度迎來新人生，建議妳不妨這麼想。一個人還算幸福地度過最後人生也不錯，但其實還有非常多其他選擇喔！

Letter

我五十三歲，生產後不久就變成單身，孩子現在已經獨立了。前一陣子開始思考臨終規劃，但是無法做到必要的斷捨離。自從開始整理東西，到處都是累積的回憶，當我被虐待時父母的擔心，現在想起來仍然很懷念。不是討厭的感覺，而是很懷念。與兒子的回憶，我也無法乾脆丟掉，那些全是我重要的記憶和寶物。不過，我也知道等我不在了，留下來的人會覺得那些東西根本不需要留著。目前我獨自生活，隨時做好死亡的準備，但是每次丟東西我就會哭，真的很煩惱。

首先，我想說：「如果丟東西的時候會哭，就表示還不到該丟的時候吧？」若是「處於癌症末期，很可能人生即將結束，想要處理未完之事」，這種心情可以理解，但如果不是那種狀態，我也想對本篇的聽眾說：「五十三歲煩惱這些事，會不會太早呢？」

本篇聽眾斷捨離的原因之一，是因為考慮到「對留下來的人來說，是不必要的東西。」其實，留下來的人怎麼想，你根本不需要考慮吧。像我根本就沒想到自己死後的事，喪禮到時候該怎麼辦就怎麼辦吧！

當然，如果是想為自己斷捨離，那就做吧！把家裡不需要的東西清掉，家裡一定會變得神清氣爽。但如果是覺得：「得為留下來的人清理」，那不如放下這種想法。

目前來看，我很可能是「被留下」的一方，總有一天要面臨必須放下的時候。不過，被留下的一方流著淚懷念故人，這樣過日子何嘗不是一種幸福？

兩位聽眾都還處於四、五十歲，算是相對年輕的年紀，好像把未來看得太過悲觀。**思考未來當然有必要，不過等到我們六、七十歲了，甚至到臨終前一天，都還可以做新的嘗試吧？接下來可以做的事還很多，請一定要這樣想喔！**

年齡增長的好處

很多人覺得「年輕才好」，我反倒覺得「年齡增長也有好處。」很多東西年輕時沒有，一定得經過歲月的洗禮才能得到。

第一件事，就是領悟到「大部分的事，都是船到橋頭自然直。」

遇到麻煩時，我們往往煩惱到覺得「人生已經無望。」失戀、工作犯下無可挽回的錯誤、因為自己的失誤輸掉比賽……這些經驗在當下會造成重大打擊，有些還會留下陰影，但幾乎所有的事都會過去。

首先，當然應該避免發生憾事。不過，萬一真的出狀況，或是自己不小心引發麻煩，要發自內心道歉，再思考如何把事情處理好。先有「船到橋頭自然直」的心理準備，再盡力去做自己能夠做到的事。

以我的工作來說，醫師愈是有經驗，愈容易讓病患感到安心、產生信賴——當然，我看起來是否有經驗是另一回事（笑）。現在只要搜尋醫師姓名，就可以知道醫師何時取得醫師執照。在醫師、醫療夥伴和患者來看，當然還是累積某種程度的資歷最好。不過，如果醫師的年齡太大，步伐蹣跚地走進來看診，也會讓人產生負面印象吧。

第二件事，就是擁有交涉能力。比方說，時間、費用和條件的交涉，不是對方提什麼都照單全收。年輕時通常很缺乏這種能力，資歷漸長會愈有心得。

隨著交涉經驗累積，遇到不是〇就是一百的選擇，其實只要調整部分條件和內容，事情還是有轉圜餘地。想要繼續做想做的事，交涉能力真的很重要，一定要好好磨練。

第三件事是：不安會逐漸減輕。比方說，變得比較不擔心金錢，不過當然也不是所有略有年紀的人都不必擔心金錢。以我為例，由於我的日常生活過得非常普通，生活水準也不是非常講究，即使因為新冠疫情暫時減少收入，心情上也是勉強可以應付過去。隨著年齡增長，愈知道把錢花在想花的地方，不再隨意亂花錢。

第四件事是：人際關係去蕪存菁，這件事我覺得最棒。應該很多人都有相同感受，生活了四、五十年，身邊只剩下真正會留下的人。周圍的人，都是往後還會在一起的人、工作相關的人和興趣相投的人，大致可以簡單分成這幾類。

只因為利害關係而結交的關係，終究會漸行漸遠。共同努力的時候，會有一段時間交情濃厚，等到事情告一段落，對方又會轉移目標。與這類人結交，心裡有數就好。反之，交情長久的朋友，即使半年不聯絡，彼此的友情也不會改變。

留下真正重要的人際關係，「不惜為對方花費時間、心力和金錢」的心情，這些都是年齡增長帶來的好處！

自己的極限由自己決定，但要學會守護自己

Letter

前一陣子，在「真心話」廣播聽醫師說：「自我設限就不會成長」，我深有感觸，同時也有「又要把自己逼到絕境」的感覺。至今為止的人生，我都覺得不能自我設限，於是不斷拚過頭，然後病倒。第一次是急性肝炎，第二次是自律神經失調，第三次是潰瘍性大腸炎，第四次是乳癌。我當然知道，不是所有病都與拚過頭有關。我的工作是設計師，包括經營管理的工作，手上大小加起來有八本企劃書。遇到新冠疫情還能接到工作，心懷感激所以無法推辭，但也不能因此降低品質（實際上搞不好兼顧不及），每天都覺得瀕臨極限。像我這種總是拚到病倒的笨蛋，有沒有破解魔咒的好方法？

先前在廣播節目中，我對某位聽眾建議：「自己的極限由自己決定，還可以再加油一下！」，也就是鼓勵該位聽眾「突破極限」。本篇聽眾的來訊，就是針對該次廣播節

目的回應。

首先，聽眾對我說的話產生共鳴，進而引發許多想法，我覺得非常高興。日常生活中，我們往往不大動腦就過了二十四小時，能夠有意識地「自主思考」很重要。

不過，我的建議說到底也只是「個人意見」而已，不是「正確答案」。世上每個人的立場和背景各不相同，當然也會有反對意見。有關「真心話」廣播的談話，希望大家可以想成是給個案的「建議」。

本篇這位聽眾的狀況，如同本人所說的，已經背負了太多工作，也提到「自己拚過頭了」，想必確實已經超出負荷，甚至覺得「喘不過氣了」，根本沒有餘裕看未來的事。

工作這件事，某種程度就像吃麵包比賽，看著眼前垂掛的麵包，只能趁早把它吃下肚。不過，工作安排本來就需要階段性的考量，尤其在新冠疫情爆發之後，多數人都學到「現在的工作，不一定可以長久持續，世間萬物也不是長久持續。」

從中階段的觀點，檢視自己的工作模式，以及想要發展的方向，每個人都需要餘裕思考目前的路線是否適當。一味拚命吃下眼前的麵包，很可能一回神才發現，世界已經大為改變，自己的價值縮水了。

自覺「我還可以加油」，才適用於「極限還很遠」的想法，自己看情況決定自我極限就好。如果本篇聽眾問我：「我的極限在哪裡？」，我會回答：「或許你已經超出極限，請把極限訂在『八分飽』的程度就好。」至今已經多次患病，極有可能重蹈覆轍，若是狀況許可請減少工作量，或是把工作發派給其他人，盡量減少自己實際擔負的工作量。

有一段時間，我也覺得「有工作就盡量做。」比方說，兼職門診以時薪計算，一有時間我就會接門診。婦產科醫師有夜間生產的工作，我去值週六到週一早上的班，可以獲得很多薪水。

不過，考慮到自己損失的東西，現在我不會接這種工作。**從中長期階段考量接下來的人生，然後制定對策。比起一味埋頭苦幹，更要生出時間思考和安排未來。**

日本人尤其「認真到不行」，很擅長拚命努力。正因如此，「自己的極限由自己決定」這句話，希望大家可以視自己的情況調整。十分努力的人很多，但首先要思考努力的價值為何。有工作可做當然令人感激，但我們不是機器，還是得考量身心負荷。

一天二十四小時、一週、一個月當中，都要安排一點身心休息的時間，這相當於自我保養。以堅強的意志確保身心健康，也是守護自己的重要安排。

如何累積自己的職涯經歷

本篇要談的是「如何累積自己的職涯經歷」，現在極少人到退休前都待在同一間公司，換工作、轉換跑道的例子十分常見。不過，本篇舉例的對象是像我這種醫師，或是律師之類取得執照，每天做著一成不變的工作，以晉升為目標的專技人員。儘管如此，從小部分來看，所有的工作都有一些共通點。

自從我當上醫師，一直到現在的職位，走的都是我們這個世代「理所當然」的醫師途徑。

身為實習醫師，要到完成實習課程的醫院工作數年，接下來的四年到臨床醫學研究所從事工作和研究。近來，醫師工作改革成為話題，但是當時我讀研究所要付學費，一年約四、五十萬日幣，一週三至五天還要無償負責門診手術和值班，其中一天到外派醫院工作，只用在外派醫院得到的薪水過活。從現在的角度來看，完全是黑心企業吧（笑），但在當時的醫界很理所當然。

到研究所後，我繼續做卵巢癌的基因變異研究，用顯微鏡觀察染色細胞，針對基因變異研究抗癌藥物的效果。之後，我大概兩至三年就在大學醫院和相關醫院調動，最後來到現在的工作崗位上。

回顧以往，最值得慶幸的是，我建立了很紮實的婦產科基礎。我在研究所和大學醫院專攻婦科癌症，但是也處理過分娩和剖腹產，值班的時候會協助進行手術，也有不孕治療和荷爾蒙治療的相關經驗。處理一般婦科問題的同時，也繼續鑽研婦科癌症的相關研究。

我最期望投入「女性醫學」協助廣大女性，以及進一步支援女性運動員。也就是以婦科為中心，再延伸到幾項特定目標，逐步完成我想做的事。**檢視自己的工作時，首先要廣角俯瞰，奠定好整體的基礎。**

醫師生涯一路走來並不容易，走著走著有人會迷失方向。尤其在剛開始的十年左右，我們對命令必須絕對服從。週六日和年末年初上班很理所當然，想休的假不能休，加班也是家常便飯，被要求換班也不能拒絕，現在想起來真的有很多不合理。不過，現在的我，依然正面看待那些踏實累積經驗的過程。

我在二十多歲時，一直都待在醫院，所以看過各種病例。當時，我就住在醫院正對面的公家宿舍，我房間的燈一亮，從醫院就可以看到。所以，我經常一回到房間，護理師馬上就打電話過來（笑）。每天晚上，呼吸胸腔科和心臟血管內科等診療科都會舉辦學習會，每次都可以吃到豪華便當。吃完便當再工作一下子，最後到醫院最高樓層護理師專用的大澡堂洗澡，然後回宿舍，如果當天沒有值班就去睡覺。這種生活我過了五年，是很愉快又寶貴的一段經驗。

無論什麼工作，都需要這麼一段時期吧。廣泛學習、獲得各方面的經驗，發掘適合自己的部分，並且發現別人推薦的事物，其實很適合自己。舉例來說，自己選的書往往會是特定類型的書，如果別人替你選書，會讓你接觸到平常不會看的書。工作也是一樣，別人勸你做的工作，很可能對未來幫助很大。我專攻婦科癌症就是如此，一開始是前輩醫師建議我接觸這個領域，現在我的門診可以負責這個領域，也歸功於累積了很多相關經驗。

展開職涯時，不要局限在自己的專業領域，可以先培養整體的知識，再針對想做的領域和新接觸的領域累積經驗，總有一天會達到期望的目標。除了努力，當然也需要運氣和機遇，時常把目標放在心上，配合當下的環境和周圍的期望，慢慢前進也可以。

這個原則適用於任何工作，剛轉職開始新工作時，首先觀察工作整體，再把分派給自己的工作做得更好。**把想做的事一直放在心上，在工作上持續精進，最後一定會更接近自己的理想。**

找不到生活目標？給你兩項建議

Letter

我四十歲單身，沒有孩子，不知道自己為何而活。我現在身體健康，但是不知道如何享受人生。周圍的人似乎都過得很開心，總覺得很羨慕。我什麼都沒有，在公司或其他地方都焦慮不已。吃東西可以消除我的壓力，我該怎麼過日子才好？

隨著時代變化，女性的人生也產生變化。當今社會，即使選擇一個人過日子，也不會有什麼大問題。當然，單身是出於自主選擇，還是隨波逐流，不小心變成單身，心態上絕對不一樣。其中，有不少人覺得「周圍沒有特別想要珍惜的人和家人，活著不知道有什麼樂趣？」

即使現在二十四小時都被工作綁住，生活過得毫無空閒，一旦退休了，有將近三十年的人生，就不再有工作當作重心。到時候，雖然每天只是散散步也不錯，最好還是要先計畫安排未來的興趣。

至於現在該怎麼過？**第一項建議是：追求自我成長。**對於目前的工作，很少人可以當成「天職」看待，多半覺得只要維持現狀，就可以安心過日子。不過，包含我們在內的以後世代，或許不大能夠指望年金過日子，正式退休後如果還能做一些工作會更安心。

因此，除了目前在公司做的工作，我們還得發展別的技能。**自己的潛能、想做的事、喜歡的事，以及想學習的領域，從現在就開始安排吧！除了自我成長，還可能發展成下一份工作。**

尤其是自己喜歡的事，想必多鑽研也不辛苦，非常適合用來自我深化。不過，由於不知道未來的身體狀況如何，考慮到可能遭遇事故或生病，或許找到一些動腦的活動會更好。其他像是手工藝等手作活動，或是教別人手工藝的指導活動也不錯。把喜歡的事物拍成影片上傳到YouTube，也可以變成一種工作。現代社會，很多事情只要用心去做，都有可能實現。

第二項建議就是：對人親切。親切是建立人際關係最有效的方法，甚至可以說「心情不好的時候，讓心情變好的最簡單方法，就是對人展現親切。」

舉例來說，有人掉了手帕，出聲提醒一下，通常會聽到對方說：「謝謝。」光是這種舉動，就可以讓心情變好。在車站月台推著嬰兒車的母親、拿著行李的旅客，以及高齡長者，看到需要幫助的人，不妨關心一下。**任何人都有助人的親切心，展現親切一定能夠提升人生品質。**

此外，**也可以投入志工活動和捐款。**最簡單的方式就是參與宗教機構的志工活動，也可以做飯賑濟災民、當義工傾聽女性煩惱，現代社會到處都有志工活動。

我父親住在名古屋，退休後同時做幾份工作。他自願到附近神社打掃庭院，沒人要求他就開始做這件事，而且持之以恆，我覺得很值得尊敬。

追求自我成長和對人親切，持續做這兩件事，人生會過得更愉快！

人生不留悔憾，可以怎麼做？

前一陣子，醫師專用的社群媒體發布電子報，裡面有篇澳洲護理師布朗妮・維爾（Bronnie Ware）寫的文章。她專門負責安寧緩和醫療，內容使我深受衝擊。安寧緩和醫療接觸的是臨終的人，她列出五項「人在臨死之際後悔的事」。

第一項，如果不那麼拚命工作就好。

第二項，多希望有坦率活著的勇氣。

第三項，如果說出真心話該有多好。

第四項，後悔沒能與朋友保持聯絡。

第五項，後悔沒讓自己得到幸福。

我讀完這些後悔的事，內心某部分深受觸動。

首先是第一項：「如果不那麼拚命工作就好」，包括我在內，多數醫師都有這種情況。對承蒙照顧的醫院或是相關醫院，大都不會特別簽訂契約或談條件，每年的薪水只增加一點點。或許，大家會覺得醫師的薪水多少有比較好，其實如果家庭成員增加、開銷變大，多數醫師都會去找時薪打工賺錢。

也有極少部分的醫師像生意人，一方面對人貢獻，一方面也會想盡辦法提升收入。我希望當個單純的醫師，直接面對病患看診，解決病患的煩惱和困擾。不過，工作時間、投入程度，以及工作方式等，我也覺得應該好好思考。

工作本身不是壞事，拚命工作也不一定會後悔。但是，當生命面臨終結時，一般不會「想做更多工作，想賺更多錢！」吧。因此，應該好好充實工作以外的人生，才可以滿足第五項的「讓自己得到幸福」。

撇開工作不談，如何經營「美好人生」？我想到的**第一項，就是與人維持長久的良好關係，包括家人、朋友和工作上遇到的人，要花時間與重要的人和夥伴維持良好的人際關係。**

第二項就是持續發布訊息。講座和廣播節目等分享，都只是我的「冰山一角」。我可以持續從各種面向發布大量訊息，是因為有看不見的龐大「冰山本體」在支撐著。**這個「冰山本體」除了專業知識以外，還有我鑽研興趣和閱讀累積的東西。「冰山本體」愈充實，對自己的工作和人生愈是加分**，所以我不惜投注時間、金錢和心力。成果除了與我的工作直接相關，對我來說也帶來喜悅和幸福。往後的人生，我會繼續投注更多心力充實自己。

第三項是不受拘束地活動身體。新冠疫情期間，我室外的運動習慣只剩下騎腳踏車，運動受限果然令人覺得縛手縛腳。世界回歸正軌，我希望在衛生、安全的環境下自在運動，最好可以與朋友一起愉快運動。

第四項是活得坦率。比方說，我不能吃蔥、蘘荷和香菜，從小就不愛吃肉，可以說很偏食，屬於「討厭就避開」的類型。

前一陣子，在社群媒體有位臨終的爺爺表示：「好想吃拉麵！」，引發大家的討論。實際上就像爺爺一樣，只要不會營養失調，想吃什麼就吃什麼吧。當然，也要兼顧健康，我會提醒朋友：「吃拉麵的話，不要把湯喝光」（笑）。

無論如何，「這一生過得很好，沒有遺憾了」，不是取決於很多人參加喪禮，或是被寫成偉人傳記，而是在死亡瞬間能夠覺得「我的人生圓滿了。」因此，**想和誰建立關係、想和喜歡的人長時間待在一起（儘管現在很難）、想要旅行等，努力實現這些簡單的心願，就是我們往後人生的重要目標。**

「往後的時間該如何度過，才會成就美好的人生？」，請大家一定要思考。

Chapter 8

我的人生目標

身為企業健康管理顧問，如何維護職業婦女的身心健康

我投注心力的重要工作有四項，本篇要談的是身為企業健康管理顧問的活動目標。

首先，向大家介紹我的四項工作。第一項如同大家所知，是ihc表參道診所婦產科醫師的工作，這是最重要的工作。身為醫師，待在臨床現場非常重要，傾聽患者的聲音、困擾和訴求，都會成為我的養分。經過現場診斷，提出治療方法後，我還會考量病患日後的生活給出最佳建議，讓她可以繼續做想做的事。

第二項工作是運動醫學科醫師。幾年前，日本國立運動科學中心因應東京奧運和帕運發起的「女性運動員培訓支援計畫」，我參與其中，蒐集到日本頂尖運動員的資料。此外，我也支援許多職業運動隊伍，處理女性運動員的婦科問題，每年一季還會針對運動指導者舉辦「婦科運動醫學集中講座」。

身為運動醫學科醫師，我一直呼籲人們建立運動習慣，尤其推薦女性練瑜伽。我的第三項工作就是瑜伽指導師。持續練瑜伽的人，往往特別崇尚自然，容易變成自然派，

不少人會排斥抗生素、口服避孕藥、荷爾蒙補充療法和疫苗。因此，我會用淺顯易懂的方式，介紹最新正確的西洋醫學資訊。

接下來的第四項，就是擔任企業健康管理顧問，協助組織和企業職員進行健康管理。女性在職場工作會遇到各種「狀況」，我會事先告訴女性「可能遇到哪些狀況，該如何應對。」

成為社會人不久，女性可能遇到意外懷孕的狀況。日本很少女性採取自主避孕，不少人會因為意外懷孕煩惱。另一方面，月經來的人可能會遇到生理痛或經前焦慮、心情低落等困擾，甚至有些女性可能罹患子宮頸癌、子宮內膜異位症或子宮肌瘤。

在忙碌的生活中，有些人接下來也可能面對想懷孕卻無法懷孕的煩惱，以及懷孕生產後如何順利回到職場的煩惱，之後一邊養育孩子，不知不覺就迎來更年期。這個時期左右，很多人會迎來職涯高峰，有些人卻因為更年期身心失調，導致無法持續工作，一些女性因此放棄工作。從這個時期開始，除了擔心罹患乳癌的機率增加，還可能面臨必須照顧年邁雙親的情況。

女性持續在職場工作，身心都會出現各種煩惱，但是很多人不曾思考過自己可能會遭遇這些困擾。一旦工作中斷，復職往往不是那麼容易。**若是能夠提早掌握會遇到的狀**

況，知道該怎麼應對，就更能夠選擇自己期望的工作型態和職涯發展。

但是，個人努力仍有很多地方無法照顧周到，身為企業健康管理顧問，我發起「職業婦女企業健康管理顧問計畫」。實際上，多數企業健康管理顧問都是年長男性，面對職業婦女的婦科煩惱往往幫不上忙。因此，我特別設置理解女性立場的醫療諮詢窗口，除了確保女性專屬的健診項目，發現異常情形時協助處理，舉辦活動提升健診意願，並與企業共同解決女性煩惱，讓女性可以持續健康工作。

職業婦女的身心健康除了需要自我維持，女性的工作環境，比方說企業和組織，也扮演非常重要的角色。除了個人努力，大家也要一起思考和建立支援職業婦女的體制，這也是身為企業健康管理顧問的重要工作。

瑜伽讓人生更美好

我投入瑜伽界，開授瑜伽課程已經超過七年。瑜伽原本只是我的興趣。我接觸瑜伽是在十八年前，那是我當上醫師從名古屋搬到東京之後的事。我喜歡運動，一直都持續從事團隊運動。不用值班的時候，我回家都會上健身房，某次因為韌帶拉傷被醫師要求停止運動。為了早點治好，我用針灸、運動按摩和高壓氧艙取代復健，但是每天做這些對經濟負擔很大。

後來，我發現以前常去的健身房，小班制課程有開設瑜伽課，而且還是入門班，於是輕鬆報名參加。一去才發現，那些乍看運動神經不大好的人，居然都做著我做不到的姿勢！由於我出身運動社團，一直自覺運動神經很好，結果發現我竟然有那麼多姿勢做不到，真是受到不小衝擊。「太厲害了！我也想做到那些姿勢！」因為這個原因，我開始對瑜伽感興趣。

經過了解，那個班級其實是剛開始練阿斯坦加瑜伽（Ashtanga yoga）的老師，從第一級序列（由六十種姿勢構成的初級動作）中，挑出自己不大熟練的姿勢帶大家在班上練習。上那堂課一段時間後，我也開始正式練習阿斯坦加瑜伽。

持續練瑜伽之後，我發現一件事：現在的瑜伽多半強調效果和功效，其實缺乏科學根據。世上不少人期待瑜伽可以改善失調和煩惱，我很想修正那些誇大瑜伽療效的說法和指導方式。

大約七、八年前，我以本身的醫學知識為基礎，開始比較務實地把瑜伽效果告訴大家。比方說，緩和生理痛的姿勢，我會結合科學客觀解釋：「有些人在生理期做這組動作，或許可能緩解疼痛，但不是所有人都一定會有效果。」

許多瑜伽規則來自經驗累積。比方說，阿斯坦加瑜伽規定生理期應該休息三天，這也可以用醫學解釋。女性們長期的練習和累積經驗，經過漫長歲月的洗禮，制定的規則當然與科學判斷一致。

也有瑜伽指導員會找我諮詢，很多人會反應學員說：「都是同一種動作，覺得毫無新意。」我持續練習阿斯坦加瑜伽，瑜伽的流程原本就沒什麼變化，從第一序列、第二序列到第三序列，每天只能肅穆地練習這些流程和動作。其實，即使每天都做相同的事，只要認真做喜歡的事就不會厭倦。

學員會覺得厭倦的原因之一，可能是因為不清楚目標是什麼。如果不清楚目標，就會覺得迷惘，最後很容易因為厭倦而放棄。因此，瑜伽工作室的經營者如果擔心學員厭倦課程導致流失顧客，可以詢問了解學員上瑜伽課的目的是什麼。

有些人的動機很單純，就是想要練習特定動作，有些人則是希望透過練瑜伽讓身心舒暢，或是為了身體健康，避免運動不足。持續上課的人，一定都想讓往後的人生更好。瑜伽的體位（姿勢）和序列（姿勢流程）的改變，只差在細微變化而已。經營者必須發掘顧客學瑜伽的根本目標，再隨著顧客的需求進行調整。

瑜伽是讓人生變得更好的工具，每個人對瑜伽的看法不一樣也沒關係。瑜伽指導者本身先清楚想透過瑜伽體現什麼人生目標，再進一步引導學員思考「人生想做什麼，想改變什麼？」

和練習瑜伽一樣，當我們清楚人生想做什麼時，就會覺得每天的工作不只是為了「完成」，而是用來實現「自身目標的最基本條件」。

身為醫師，我想告訴大家幾件事

這一篇，我想談談「身為醫師，我想要告訴大家的幾件事。」

第一件事，愈是專業人士，愈要把知識淺顯易懂地傳達出去。醫師有醫師的專業和常識，細分成內科、外科、婦產科、小兒科等專科知識。婦產科也分成好幾個領域，各領域的醫師都有專業知識。不只醫療行業，會計師和記帳士對金錢的知識，或是運動指導老師具備的肌肉和關節等的相關知識，這些專業人士特有的專業知識，如果可以淺顯易懂地分享給其他行業的人或非專業人士，將會非常有價值。

偶爾有人問我：「您身為醫師，為什麼這麼努力經營社群？」因為我一直覺得：「如果可以把醫療人員的專業知識淺顯易懂地告訴大家，讓大家都有正確知識，一定可以幫助很多人！」（還有就是我發布訊息毫無壓力。）各界專業人士如果可以把相關知識和常識好好傳達給大家，一定會為社會帶來極大價值。

第二件事，醫師肩負守護健康的責任，其實不只醫師，護理師、藥劑師和物理治療師，以及擁有國家證照的全部醫療人員都肩負這種責任。因為是守護大眾健康的工作，擁有國家證照的醫療人員，必須自覺有守護國民健康的責任。**對於不明資訊、假醫學和靈性療法，也必須堅定拒絕這些沒有科學根據的說法。**對眾人發布資訊時，尤其要特別注意。此外，健康照護產業、保健食品和提供相關服務的職業也包含在內。這類職業雖然與擁有國家證照者的立場不同，但對於自己從事的工作，也必須意識到會影響民眾健康。

癌末病患和長期接受不孕治療的人，往往會有病急亂投醫的傾向。正因如此，醫療人員更要遵循良心提供正確訊息。

想成為合格的專業醫療人員，根本無法走捷徑。每個人的路徑當然不一樣，但是回想自己當醫師的第五年、第十年，不可能某天就突然變成第二十年。擁有國家證照的醫療人員，非常注重經驗的累積。

所以，我對比自己年長、累積更多經驗的醫師，都心存敬意，也期許後進能夠踏實地累積經驗。我們有時候可能會受到大眾矚目，但那只是一段過程而已。自己的道路，終究得透過自我磨練才可以成就。

最後第三項就是，我告訴大家的資訊，沒有任何一項是由我發現的。我分享的婦科知識、婦科的運動醫學知識，以及哲學的相關內容是兩千年以前的知識，醫學知識則是根據這一百年的歷史當中，國內外眾多科學家、醫學家等先進的智慧結晶。我的年代也有很多學者提出新的數據和證據，**我的工作就是把當今的正確知識，用淺顯易懂的方式告訴大家，僅此而已。**

我對眾多前輩的貢獻心懷感謝，同時希望我擁有的知識可以幫助到大家。

請花點時間思考「內心的方向」

昨天工作結束後回家路上，恰巧經過蛋糕店，於是幫ihc表參道診所的同仁買了聖誕節巧克力蛋糕。今天早上，我從腳踏車把手拿下蛋糕遞給同仁，大家出乎意料地開心，我覺得很高興。

常聽「真心話」廣播的聽眾可能發現，我經常把「幫上某人的忙」和「有所貢獻」掛在嘴邊。我這種心態的基礎，應該是從剛開始懂事的小學和中學時代就已經存在了吧。一路走來的人生，我都把這種想法視為理所當然，至今我與很多人談到「自己內心重視什麼」，重要的關鍵字就是「貢獻」。

不過，我發現數千日圓的巧克力蛋糕，竟然也可以「讓大家高興，自己也高興。」原來，比起幫上誰的忙、對社會有所貢獻，自己更想做的事，就是把喜悅帶給身邊的人！

大家在各自的人生中，一定也有重視的事，在人生中想做的事和想達成的事，也就是所謂「內心的方向」，這通常會影響我們的選擇。清楚自己重視什麼，就比較不容易感到迷惘，選擇也會有方向，不必煩惱太多自然就會做出選擇。

重視什麼的想法因人而異。比方說，「對人溫柔」，每個人涵蓋的對象都不同。有些人只對真正親近的人溫柔，有些人對身邊的人一律溫柔對待，更有人對素未謀面的人也溫柔對待。

至於我「貢獻」的範圍，除了身邊的人，還有日常生活中經常碰面、有交情的人。從「致贈忠言」的角度來說，收聽收看我的社群訊息的人，或許也包含在內。我想幫助這些人，想對他們傳達溫暖的心意。

我一直思考「貢獻」這件事，具體應該做些什麼？比方說，把自己擁有的專業知識正確地傳達給大家，減輕大家的困擾，讓更多人的生活變得更好，盡己所能讓大家覺得溫暖。對我來說，做這些事，讓我由衷感到喜悅。

清楚自己重視的事，就會知道自己的人生想做什麼。

漫無目的地過日子，往往不會有機會思考這些事。**為了讓往後的人生過得更好，請思考「目前的人生想做什麼、想要達成什麼，即使沒有完成也想做的事是什麼？」然後思考具體方法，運用有限的時間和金錢，逐步實現自己想做的事。**請大家也花點時間思考「內心的方向」吧！

分享我的想法和思考方式

（二〇二一年一月二十日IG直播的提問）

新冠疫情帶來許多不安，高尾醫師每天都活力滿滿，看起來免疫狀態良好。有什麼祕訣嗎？

首先，自己能夠做到的，就是好好維持身體的狀態。**注意日常行程的安排，適當加入「恢復精神、心情變好」的活動也不錯。**

還有就是，某種程度要順從本能，例如：感到疲憊就趕緊去睡覺。有時，我晚上八點回到家，馬上就放洗澡水，在浴室待上一個半小時左右（笑）。等到晚上十點左右體溫完全下降，就可以睡得很好。在飲食方面，要注意吃的東西和吃的時機，控制好血糖。最近，因為新冠疫情影響，比較有空閒時間，我就把家裡想整理的地方集中打掃，讓空間井井有條。這種「我做得到」的感覺，也會增加自信心。

面對疾病要增強抵抗力，不要讓免疫力降低。即使暴露在相同病毒之下，有些人會感染，有些人則不會，關鍵就在免疫力。

不過，免疫機能很難一下子提升。**有運動習慣的人，免疫機能會比沒運動的人高。**黏膜表面的屏障功能尤其重要，是免疫的最前線，可以阻擋病毒進入體內。不過，唾液中的 SIgA 值（分泌型免疫球蛋白 A 值，黏膜表面分泌的抗體指標）會因為睡眠不足、長途移動和生理不順等原因急速下降，所以一定要注意日常作息。

高尾醫師的心理狀態看起來也超好。

我確實是情緒起伏不大的類型，應該與我長期持續團隊運動有關。小學我打籃球，國中打壘球，高中打排球，大學則是打硬式網球。因為是團隊運動，大家一起朝著共同目標努力，不斷持續這種模式，心理素質會變強。

我母親以前是茶道老師，我應該也有受到母親的影響。茶道是規矩很多的文化，即使我問她為什麼得遵守規矩？她都告訴我：「規矩就是規矩」，但是其他部分她也讓我自由發揮。

日本第一茶聖千利休，連茶杓要放在榻榻米邊緣內側的哪個位置都有講究。我從以前就很愛思考「為什麼？」，還經常想像規矩的理由，等到自己實際參與茶會，才發現茶杓會放在特定位置，是為了方便進行下一個動作。果然，合理的事物才會演變成文化。阿斯坦加瑜伽的流程也一樣，與其思考正不正確，找到自己接受的理由，就可以積極投入。

我是家中年紀最小的孩子，和哥哥的年齡有些差距，所以家人讓我自由成長，附近的鄰居也對我多有照顧。父母很支持我發揮創作，我常參加寫生比賽和工藝教室。由於工藝教室可以自由使用教室裡的工具和材料，我也曾經做過電力發動的彈珠檯。父母為我提供充分自由發展的環境。

因為成長在自由環境，我從小就很有想像力，即使當下發生遺憾的事，也可以很快思考「如何改善現狀？」。我覺得當下的狀態不會一直持續，所以不曾陷入嚴重沮喪。

練瑜伽對心理有影響嗎？

練瑜伽比起控制心理，控制身體更簡單，首先專心把姿勢做好。練阿斯坦加瑜伽時，做稍微困難一點的姿勢時，根本就沒空想別的事。人發揮專注力的時候，往往只能專心做一件事，只要專心做一件事，煩惱就會不知去向。

可以專心投入一件事，對心理有正面影響。比方說，拚命支持喜歡的偶像，也可以讓我們變得積極，為生活增添色彩。

想請教高尾醫師的學生時代，您當時對學習和未來規劃有什麼看法？

我雖然就讀升學高中，但不一定要穿制服，騎機車上學也ＯＫ，校風非常自由，很尊重學生的自主性，感覺很受學校信任。我們很努力學習，與其說是被逼迫，不如說是被信任，所以更想努力用功。

至於大學升學，我父親是建築師，聽說他是因為「想學造橋，所以去念大學。」我覺得，既然要學就學技能，所以選擇念醫學院，當時沒特別考慮是否有利於就職。

對於目前求學的人，我想告訴他們，現在的學習是為了拓展未來的可能性。我從以前就喜歡學習。比方說，因式分解雖然與醫師工作沒有直接關聯，但是當時覺得可以拓展自己的可能性，所以我也有學。

實際上，考醫師國考必須準備所有科目，考取資格後到醫院實習兩年期間，也接觸到內科、外科和小兒科等各種專科。雖然很辛苦，但是因為這些經歷拓展了可能性，所以現在我才可以做喜歡的工作。

現在的年輕人真的有很多選擇，不少人在大學時期就創業。正因為這個時代的選擇性太多，所以很多人更對未來感到迷惘吧？**往後，傳統學歷應該變得不是那麼重要，只要找到自己的特質和專長，就可以度過非常愉快的人生。**

隨著新冠疫情擴大，社會產生巨大變化，也給我們機會積極思考「未來要留下什麼？」身處無法預知未來的時代，生活存在許多未知。我們應該確實打好基礎，學會自主思考和選擇。**每天累積許多小小的選擇，這些選擇都經過自己思考、決定和接受，就會意識到「自己的人生，由自己創造。」**比起按照既定常軌過日子，積極創造自己的人生會更愉快！

二〇二〇年、二〇二一年的三字目標

每年新春瑜伽工作坊開始上課，我都會請學員講一下新年抱負。二〇二〇年，我請他們講三字目標。當初我選的三字目標是：「沒問題」，意思是自己能處於「沒問題」的狀態，看到有煩惱的人，也可以對他們說：「沒問題的。」

然而，我完全想像不到二〇二〇年會變成如此動盪的一年！二〇一九年年底從國外傳來令人慌亂的消息，新冠疫情在二〇二〇年二月底真正影響了日本，對照不久前才選的三字目標「沒問題」，真是令人感慨萬千！

我二〇二一年的三字目標，第一是「柔軟性」，期許自己不怕變化，坦然接受變化，也希望這個社會變得更柔軟，人與人之間更有包容性。

說到柔軟、善於改變形態，往往會令人聯想到「水」。水不只隨著容器改變形態，遇到不同溫度也會變成氣體或冰，簡直是善於變化的代表。即使做不到像水一樣善於變化，至少我可以學紙黏土，根據自己的想法柔軟地改變形狀。

第二項三字目標是「解釋力」。一旦改變看事情的角度，接受壓力的方式也會改變。已經發生的事，如何正面看待？具備調整「看事情角度」的能力，有助於每天過得更自在。為了改變思考模式和看待事物的習慣，留意並修正平常的說話用字，也可以讓自己的思考變得正向。

日本有寫新年書法的傳統，就是在新年伊始寫下新年新目標。為了不讓目標流於紙上空談，我每年都會把目標寫在隨身手冊上，提醒自己時刻記住。**請大家也思考看看今年一整年最想達成的目標是什麼。**

享受人生的六項祕訣

這一篇，想告訴大家「六項享受人生的祕訣」。想要度過愉快的人生，其實只要持續做一些非常簡單的事。

第一項祕訣：讓喜歡的人開心。我們的最終目的不是自己開心，而是讓自己重視的人開心。

自己無法正向積極時，愈要主動向對方表達感謝，對方通常也會正面回應自己，確認彼此是不可或缺的關係。知道自己重視的人也重視自己，我們往往會更正向積極，人生變得更愉快。

第二項祕訣：發現自己一點一滴在改變。我們時常在改變，發現自己的變化，不加以美化，享受認真踏實的行動。微小但確實的努力堆積成人生，每一步都踏實努力，發現和期待自己的變化，這就是享受人生的祕訣。對我來說，做「真心話」廣播節目也一樣。每天持續做節目需要堅持，但是回過頭看這些努力，一定會變成巨大價值。

第三項祕訣：保持適度緊張感。想要享受人生，就要有做好努力的準備，日常也要保養身心。人生在工作、家事和興趣總免不了面對「關鍵時刻」，到時候能不能火力全開，極有可能影響未來的發展。因此，平時就要努力維護根本，也就是保持精神安定和顧好身體健康。

第四項祕訣與第三項有關，就是保持自我步調。為了保持精神安定和顧好身體健康，一定要維持在相對舒適的步調。雖然生活需要些許緊張感，但如果太過就會產生焦慮，所以也不要太勉強自己，有時努力投入，有時也要讓自己適度放鬆。

當然，每個人保持自我步調的方法和程度不一樣。對我來說，就是不給別人造成困擾，讓自己保持在適意的努力狀態。

第五項祕訣：重視團隊和夥伴。世上大部分的事，都無法獨力做到，因為周圍的人的支持才有自己。與周圍的人彼此尊重，重視彼此的時間，良好的合作關係會產生創造性的高度價值。在工作和社會上，有多少人支撐著自己做想做的事，現在回想看看吧！

最後的第六項祕訣，就是重視自己熱中的事。享受人生的最大祕訣，就是遇到自己最喜歡的事，然後努力維持下去。我已經遇到最喜歡的瑜伽了，如果受傷的話，就無法充分享受瑜伽時光。為了持續做最喜歡的事，就要懂得保護身體不受傷，也不要發胖，同時注意保護膝蓋和腳踝。如果最喜歡的事是花錢，那就繼續努力賺錢吧。如果是需要投入時間的事，那就努力安排時間出來做吧。

享受人生的祕訣，就是遇到可以一心投入的事，並且樂在其中，同時與周圍的人保持良好的人際關係。按照自我步調持續努力，發現自己慢慢產生良好變化，就會感覺人生很愉快喔！

舒適的空間和暖心話語

「真心話」廣播可以持續至今，是因為我在這個空間很舒適、可以做自己，內心也能獲得平靜。

我經營的社群媒體，幾乎沒遇過酸言酸語或惡意攻擊。在「真心話」廣播節目，聽眾也都幫我按讚，或是給我意見和來訊，大家一直保持著良好關係。和推特有十萬、二十萬追隨者的人相比，我當然比較不會遇到惡意攻擊。我可以讓廣播空間保持氣氛舒適愉悅，或許是因為「言語」吧。

我們的言語會吸引有共同話語和思考方式的人，或是認同我們的思考方式的人，在社群媒體上也可以結交「物以類聚的同好」。言詞得體的人，身邊會聚集說話有禮的人。會用言語攻擊的人，很可能也被回敬利刃般的傷人話語。

當然，社群平台是發表意見的地方，我有時也會表達反對意見，但這些都只是意見，不是攻擊和否定對方的人格和存在。然而，網路上經常看到網路論戰，最後引發紛爭。若是被炎上，耗去寶貴的二十四小時以上也是常有的事。

我一直想傳達溫暖的話語和印象給大家，讓大家的心情可以變成溫暖的暖橘色。「真心話」廣播是透過聲音的形式，大家尤其可以從聲音真實感受到我的狀態和心情，例如：「想睡了」、「很有精神」，或是「聲音聽起來很累」，比文字的傳達更有吸引力。

在接下來的時代，想像力很重要，想法、言語和聲音等無形媒介將倍受重視。想像看不見的聽眾有什麼需求、用什麼心情在聽廣播，這種想像力發揮在現場也很有幫助。

我一直思考如何幫助大家，之後也會繼續用適當得體的言語、說話方式和聲音，為大家營造放鬆、舒適的空間，期待今後也與大家共享美好的時光和空間。

Chapter 9

高尾美穗「致姊妹們」的真心話

本章內容從《日經WOMAN》2021年11月號、12月號和2022年1月號刊載的「致姊妹們」專欄文字編輯擴增。

國三時，第一次體會到什麼是「痛苦」

我生長於名古屋，父親是建築師，母親是茶道老師，我是家中長女。母親在自家教室上課，家裡總是有很多學生來來去去，感覺我就是在大人堆裡長大的小孩。

大我七歲的哥哥會陪我玩接球，我穿的衣服也幾乎都是哥哥的。比起長髮，我喜歡短髮；比起裙子，我更常穿單寧短褲。一回神，已是男孩風格路線。我的莫霍克髮型已經留了十年以上，是模仿我超愛的系列繪本《丁丁歷險記》的主角丁丁。

從小我就很常去書局，無論我想買什麼書，父母都不反對。買了小開本的文庫本，我會自己做目錄管理。我很愛書，某次地震看到書架快倒時，心裡想著：「用零用錢買的重要書本會受傷！」，於是瞬間在書架前鋪好棉被保護書籍。當時，我被爸媽痛罵：「比起書，妳的安全更重要吧！」

小學我參加的是籃球社，國中是壘球社，高中則是排球社。我非常喜歡運動，也同樣愛念書。對我來說，做題目就像一種興趣。新學期開始，我會到書局買很多練習本和自修，每天寫一頁。升上國中後，放學後我會直接到補習班，直到補習班晚上九點休息為止，我都在自習室認真寫題目。成功把題目解開或是寫完整本自修，我都很高興。我在學校的成績很好，小學、國中的全國模擬考，我都是第一名。我去的補習班比較特別，一年會舉辦一次考試，讓國中一年級到高中三年級的學生考相同考卷，我從國中三年級開始就是第一名。

小學四年級的暑假，父母讓我到長野參加一個月的露營，因為母親要接受乳癌手術，不想讓我知道。後來，我發現這件事只有我不知道，覺得受到衝擊。當時，我心裡想：「總有一天，我要變成值得信賴的人」，這就是我志願當醫師的起點。

不過，父母很反對我當醫師。我有親戚是外科醫師，所以母親知道當醫師比想像中還辛苦，還曾經找我的高中導師商量：「可以讓我女兒改文組嗎？」（笑）

持續投入最愛的運動，覺得學習很有趣，小時候學小提琴很開心，朋友也很多。我在父母及周圍大人的關愛下成長，沒什麼煩惱，每天都過得很愉快。

我第一次感受到「痛苦」，是在國中三年級。

「只要妳在，我們的成績就會變低。」某天，幾位同班同學這樣對我說，我開始被討厭。早上一到校，發現桌上被放花瓶，校內穿的拖鞋被釘圖釘……。我被討厭的原因，是因為評量國中學習狀況的分數「內申點」的競爭。當時，高中入學考試的合格分數內申點占一半，就算正式考試取得好成績，要是內申點低，還是不合格。於是，成績領先的我，被當作攻擊目標。

不過，我並沒有特別沮喪，因為我在班級以外還有社團朋友，而且到高中我也不會再遇見那些人，這種狀況到「國中畢業就會結束。」所以，我沒有自我否定，拖鞋被釘上圖釘我也照穿不誤。不過，遭受不當對待的「討厭」心情，我一直沒有忘記。

我長大看到報紙談論霸凌，才知道當時遭受的不當對待是霸凌。雖然自覺不是特別痛苦和煩惱，但是我記得小學導師的名字，卻不記得國中導師的。或許其中存在自己也不知道的痛苦，出於防衛本能，大腦自行模糊了當時的記憶吧！

被霸凌也不自我否定，歸功於我父母的教育。父母教我想做的事盡量挑戰，我在鼓勵中成長，而且他們也沒要求我穿裙子、留長髮，或是「女孩子要有女孩子樣。」父母尊重我的選擇，所以我也自然建立自我肯定感。

善於傾聽，所以走向婦產科醫師之路

我曾經想考京都的大學，卻沒有成功。由於希望盡早當上醫師，所以進入本地的醫科大學就讀。大學時我打硬式網球，把自己曬得一身黑。我一邊享受大學生活，同時拚命準備「一次考上醫師國考」。我考上時非常高興，也意識到「我是三十萬名醫師裡的最小咖。」

畢業後，我希望到名古屋的醫院實習。當時，有輪流實習各科的制度，大概得花兩年時間到內科、外科、小兒科、麻醉科和婦產科等主要科別實習，再決定自己要專攻哪科。在各科實習當中，一邊思考出路，一邊累積綜合知識，學習各種症狀的初步應對，對我來說是很好的制度。尤其是一開始去的麻醉科，可以參與各種手術，也學到確保呼吸道通暢的氣管內插管，對我之後幫助很大，因為婦產科醫師也要會做嬰兒的氣管插管。

我在實習的第一年，經常被護理師罵。實習醫師說穿了「徒有醫師名號」，經驗十分不足。手術手套戴不好慢吞吞的時候，老是被罵「明天前要練好怎麼戴手套！」這種事被罵很正常，如果手套沒戴好，就無法保持清潔，等於是浪費備品。護理師真的教我很多事，幫助我成長。我和當時的護理師們在醫院內成立手鈴社團，聖誕節就在醫院大廳舉辦演奏會，大家的交情很好，現在也還保持聯絡。

我決定當婦產科醫師，是因為實習時期恩師的建議，他說我「很適合」當婦產科醫師。現在的產科和婦科有很多女性醫師，但當時幾乎都是男性醫師。擔任婦產科醫師，只要有產婦分娩，半夜也得上工，值班也比其他科多，還會碰到子宮癌等大手術。考慮到結婚、生產等人生規劃，女性很難長期勝任這項工作。

不過，由於患者是女性，會來看診的也只占人口的半數，重點是我不覺得聽人講話很痛苦，婦產科的看診通常很久，有些醫師會受不了。我在各科實習階段時，曾經到身心醫學科實習，傾聽患者說話，看到患者變得比較正向、心滿意足地離開，我就覺得很高興。那就當婦產科醫師吧！負責讓女性獲得幸福！

二十五歲時，我在曾經實習的醫院當婦產科醫師，當時住在醫院對面的公家宿舍。下班回宿舍打開電燈，經常接到醫院來電，又得回到醫院……。那家醫院提供二十四小時的急診服務，我幾乎沒有休息，大部分時間都待在醫院。不過身為醫師，每天能做到的事情變多，我覺得很開心，也很充實。

見證無數的生與死

我在二十九歲結婚，丈夫是腦神經外科醫師。由於丈夫住在東京，我也跟著到東京，進入東京慈惠會醫科大學研究所就讀。我的研究主題是卵巢癌，用顯微鏡觀察過世患者的檢體，每天都要看將近一千六百片玻片標本，研究抗癌藥物的效果與預後關係。同時，我也負責門診和手術，每天都忙得累到不行。不過，我如今可以自信地看診，也得歸功於當時累積的大量經驗。

取得醫學博士後，我就在慈惠會醫科大學附設醫院工作。

自從當了婦產科醫師，我見證了無數生產。嬰兒生出來哇哇大哭，與母親、父親見面的瞬間，每次看到我都非常感動。不過，偶爾也有現場一片沉默的時候，通常是新生兒出現了意外情況，其中一種就是母斑（胎記）。目前的產前診斷，可以檢測出唐氏症等胎兒先天性缺陷，但是透過超音波無法預測皮膚色素異常。

我第一次接生到臉部有大片母斑的新生兒時，現場一片寂靜，母親和父親都沒了聲音。感受到現場氣氛，我也不知道該說什麼。當時，協助生產的專業助產師用開朗的聲音說：「寶寶出生了，恭喜！」接著，把嬰兒放到媽媽胸前。助產師替我說出：「新生命平安出生真好」，當時的情景至今仍歷歷在目。

在大學醫院工作不久，我以助手的身分參與子宮體癌手術。由於切除淋巴結時傷到靜脈，患者嚴重大量出血。這是一場由多位醫師合作的困難手術，還好隔天手術成功，患者也順利出院。

手術後，我想起不斷加上去的血袋，如果在地方醫院動手術，也可以拿到那麼多的血液拯救患者的生命嗎？答案一定是No。像那樣的緊急出血處置，只有東京的大學醫院才做得到。體認到地區之間的醫療落差，我內心的正義感受到衝擊。

我也經常目睹生命消逝，遇到死產或照顧癌末患者都很痛苦，救不回患者也會陷入自責。不過，確認遺體、送走靈柩車的時候，我想起的都是患者充滿朝氣的臉，也記得他們的全名。

身為醫師，我最重視與患者建立良好關係。有些醫師對待長期住院的患者，巡房時敷衍了事，甚至不去巡房。我很討厭這樣。巡房時，我也會跟不是由我負責的病患打招呼。

不過，前輩醫師曾經提醒我留意「與患者太過親近」的問題。雖然親近患者很重要，但如果投入太多感情，當治療不順利的時候，很容易因為悲傷和後悔拖垮身心。

後來，我對待患者都會保持一點心理距離，試著用與對方稍微不同的角度思考。針對症狀，我除了傾聽患者的想法，也會反過來建議對方：「不妨用另一種角度看待。」

醫療目標為解決患者的微小不便

多數癌症患者的期望就是切除癌細胞，但不是動手術就萬事OK，手術後還是有很多麻煩的事。比方說，傷口會痛，或是手術切除淋巴結會導致腳部浮腫。生病的症狀和治療的副作用會造成不便，無法像治療前那樣正常生活。

比起身上有癌細胞，這些或許只是微小的不便，但在日常生活中，比起肚子裡看不見的部分，傷口的疼痛和腳部浮腫更令人介意。這些困擾會隨著患者的適應程度慢慢緩解，使之後的生活品質得到提升。不過，大學醫院並不重視解決這些微小的不便，醫師成功切除癌細胞就放下心，不會再仔細追蹤，但是之後的日常生活，相對於醫師對案件處理完畢的滿足感，多數患者卻沒有全然滿足。

面對癌症手術後出現淋巴水腫的患者，我曾經建議自行按壓大腿根部。症狀減輕後，患者都非常高興。雖然不會因此延長壽命，但是看到患者變得輕鬆，家屬也很高興。當時我就想，大學醫院如果可以多做一些術後追蹤會更好。

醫療機構各有各的功能，對大學醫院和診所的期待也不同。大學醫院是特定機能醫院，負責治療急性期患者攸關性命的症狀，或是提供普通醫療機構無法實施的高度專業醫療。至於診所，則是負責日常生活的仔細照護。我不是以升教授為目標，我想自己開業，提供確保患者生活品質的治療。當照顧我的教授退休時，我就辭去大學醫院的工作。

以兩年後開業為目標，我到東京勞災醫院設立女性門診，然後一邊尋找物件。某天，我發現表參道新開了一家主打女性健康的ｉｈｃ診所，就開在我預定的區域，所以會變成競爭對手。出於考察想法，我跑去ｉｈｃ診所應徵，但由於ｉｈｃ表參道診所還在施工中，所以我到ｉｈｃ丸之內診所接受面試。雖然情況與我想的不一樣，但是經過面試談話，我發現ｉｈｃ診所把改善患者的情況擺第一，除了西洋醫學外，也導入脊骨神經醫學，與我的理念有很多相同之處。

由於我也長年練習瑜伽，所以面試相談甚歡。但是，我打算自己開業，所以老實向對方表示：「我其實不打算在這邊就職。不過，貴診所的理念很棒，我支持你們」，然後結束面試。等我回家後，馬上就收到郵件，內容表示：「請高尾醫師務必與我們一起工作。」我很猶豫，但想想這也是一種緣分吧！考慮到開業可以推遲一些，所以就在四十歲前轉職到ｉｈｃ表參道診所。

ihc表參道診所設置內科、婦科和乳房檢查服務，旨在守護女性健康。我是婦科部門的負責人，配合女性的人生階段和生活方式提供治療方針。

瑜伽幫助患者放鬆身心

ihc表參道診所的候診室比一般診所的還要寬敞，可以做為等候室兼瑜伽空間。我有阿斯坦加瑜伽和孕婦瑜伽的證照，診所也有指導周產期瑜伽。

第八章提到，我是將近三十歲才接觸瑜伽，那時候剛到東京不久，起因是受傷。我從十幾歲就一直持續運動，出社會後也上健身房活動身體，某次嚴重扭傷腳踝。我很想早點治好腳傷恢復鍛鍊，所以嘗試做高壓氧艙和針灸，但是都很花錢，光靠大學醫院的低月薪很難持續下去。

後來，我參加健身俱樂部的瑜伽課程，發現一些運動神經看起來不怎麼好的學員，竟然也做著特技一般的姿勢，我非常吃驚。原來，瑜伽可以讓身體活動得這麼好，於是一頭栽入瑜伽世界。

我開始上瑜伽教室，向日本瑜伽界首屈一指的Ken Harakuma學習瑜伽。我把瑜伽帶入生活，在值班空檔也會練習瑜伽。我發現，練瑜伽不只對身體好，對心靈也好。除了可以放鬆和減輕壓力，也可以修養心性。我辭掉大學醫院的工作，是「希望提升患者的生活品質」，瑜伽也與這種想法不謀而合。

現在，我除了教授瑜伽課程，也負責培育瑜伽指導者，還在一般社團法人日本運動員瑜伽機構協助運動員。

「請設計助孕瑜伽。」偶爾我會接到這種請託，但是我都予以回絕。

為了持續長期的不孕治療，想透過瑜伽使心情保持正向，這倒是可行。不過，如果想「用瑜伽治好不孕」，很可惜不會如願。很多人聽到所謂的「助孕瑜伽」，都以為「瑜伽可以治療不孕。」

身為國家認證的醫師，不應發布容易讓人誤解、斷章取義的訊息，也不可發表減損醫師信譽的言論，這些都要時常警惕在心。

隊友之死，讓我從「等待」變成「主動出擊」

在名古屋的醫院工作時，我負責婦科門診、手術和分娩。空閒時間，我也參加社會業餘壘球隊，位置是捕手。隊友都是我的朋友，同時也是我的患者。剖腹產、摘除子宮和切除巧克力囊腫等，隊友和她們的家人也會來找我看診。

某天，一位隊友因為「不正常出血」前來檢查，透過目測就可以看到子宮入口有明顯異常。她罹患了子宮頸癌，至少在二期以上，於是馬上進行手術。之後，她持續服用抗癌藥物和接受放射線治療，與疾病奮戰到最後還是離開人世，留下年幼女兒。

當時的我，當婦產科醫師才第四年，幾乎快要被挫折和無力感擊潰。我開始思考為了拯救生命，除了治療，我還可以做什麼？子宮頸癌如果可以早期發現，就不至於失去子宮和生命。所以，我開始呼籲女性接受子宮頸檢查，還有打疫苗。為了守護生命，除了在醫院等待患者來，我更主動傳達訊息呼籲大家。隊友的死，讓我從「等待」變成「主動出擊」！

自己的身體自己守護

第八章提到，目前我的工作有四大面向。

①在ihc表參道診所擔任婦產科醫師，為患者診療和做檢查。

②身為運動醫學科醫師，負責協助女性運動員，也培育運動醫學科醫師。

③瑜伽指導師，除了開設課程，也培育瑜伽指導者。

④企業健康管理顧問。

透過目前各項活動，我想告訴大家：**「要察覺自己的身體變化。」**患者往往等到身體真的不舒服，才會到醫院就診。平時，大家就應該多關注自己的身體，才可以避免演變成重大疾病。我現在所有活動的出發點，就是用淺顯易懂的方式呼籲大家這件事。

婦科檢查主要是看「形狀」，例如：長肌瘤和卵巢變大，都可以透過檢查發現。如果形狀沒有問題，卻有不正常出血，就要調查「工作」有沒有問題。工作問題多半與自律神經和荷爾蒙有關，至於為什麼造成身體失調，不是到醫院偶爾做一次檢查就可以發現原因。即使抽血檢查荷爾蒙，得到的也只是瞬間數值，而數值時刻都在變化。也就是說，多數情況得透過記錄基礎體溫，追蹤日常變化才可以得知。

身體有點不舒服或有點異樣，很多人都習慣忍耐，但很有可能因此釀成大病。如果不放過任何微小異樣，就可以降低大病的風險。

很多人身體有狀況，以為到醫院總有辦法解決，如果醫院真有這麼萬能就好！有些失調和疾病，到醫院也檢查不出原因，希望大家了解這項事實，更加關注自己的身體。

日本社會少子化和高齡化問題日益嚴重，不久的將來，現行的全民保險制度很可能不堪負荷。無論是醫院或診所，患者可以自由選擇醫療機構就診的「自由選擇醫療機構」（free access）制度也可能瓦解。看家庭醫師可能得自費，全身健康檢查得自費，只有身體出現異常，才可以用健保看診。「不知道是否異常，但是身體不舒服，請幫我看診」，往後這種情況或許就不適用健保，甚至如果沒有盡到努力維持健康的義務，就沒有就診的權利。**自己的身體自己守護，學會自我照顧更重要。**

日本是超高齡社會，醫療費用一年超過四十二兆日圓，而且還在持續增加中，其中三成從稅金支付。面臨少子化和高齡化的問題，考量勞動人口減少和稅收減少，刪減醫療費用很重要，但是很少醫師考慮醫療經濟問題。

多數大學醫院的醫師，都不大清楚患者花了多少醫療費用，我以前也是。等到自己開業，多數醫師開藥自然會考慮「比起不開藥，開藥才可以領到處方箋費。」經營醫院與刪減醫療費用難以兩全其美，強烈主張刪減醫療費用的醫師並不多。

除了醫療制度問題，民眾的觀念也需要調整。比方說，診所的健康檢查建議進一步做子宮頸癌檢查，有些人會要求：「我想到大醫院或癌症中心做檢查，請幫我轉介。」其實，大學醫院或診所都可以做精密檢查，因為檢體都是送到中心檢驗。無論到哪家醫院做檢查，結果都差異不大。不過，多數人還是希望到大醫院做檢查。婦科也一樣，在檢查階段很多人希望找女性醫師，一旦決定動手術，就覺得找男性醫師比較安心。患者會不安，希望到更安心的地方接受檢查和手術，這種想法我可以理解。不過，只因為要進一步做子宮頸癌檢查，就跑到癌症中心就診，會影響必須馬上接受高度專業治療的患者，希望大家可以了解這點。

如何改善女性運動員的環境

身為運動醫學科醫師，我也會參與相關活動。偶爾有女性運動員到ihc表參道診所看診，她們因為生理痛和生理不順來看診，煩惱和症狀與一般民眾的差不多。我在ihc表參道診所一週看診四天，我值班時就可以找我看診。由於我固定在診所看診，對於運動領域也有某種程度的了解，所以她們經常找我看診。

運動員的身體狀態和生活習慣，對比賽表現的影響很大。女性運動員還有生理痛、經前症候群等女性特有的問題。我從十幾歲開始運動，非常了解身體狀況會隨著生理週期產生變化。女性運動員面臨的問題之一，就是無月經與無月經導致的骨質疏鬆症。無月經症狀的原因，可能是熱量攝取不足、過度練習、比賽壓力，或是過度節食。女性不來月經，很可能是女性荷爾蒙雌激素沒有分泌，雌激素與骨頭代謝相關，所以很可能引發骨質疏鬆和骨折。

無月經對女性健康的影響很大，不能置之不理。不過，體育界往往用「沒有生理期更容易維持身體狀態」，「生理期不來，沒什麼大不了」的錯誤觀念指導女性運動員，把女性當成是「小一號的男性」看待。至今為止表現優秀的女性運動員，應該都很了解自己的身體，而且也相當努力吧！

想要更友善支援女性運動員，得讓指導者和女性運動員都掌握基本的婦科知識。這不僅與提升表現有關，服用避孕藥或計畫懷孕生產，都要正視自己的身體，思考自己身為女性往後的人生該如何安排。

身為支援女性的婦科醫師，在我一直考慮投入運動醫學時，某天我在健身房看到一本雜誌，專題報導運動品牌「Under Armour」的日本總代理DOME股份公司。他們公司設置健身房、淋浴室和美容室，騎腳踏車通勤的職員有津貼，為員工健康提供許多福利。當時我就想，如果是這間公司，應該會正面參考我的意見。

不過，我當時在大學醫院工作，沒有熟人介紹，只能透過官網的人才招募應徵。至於應徵動機，我寫了希望一起協助女性運動員。基本上，我是遇到關鍵時刻就會馬上行動的類型。

結果，對方馬上通知我去面試，也很認同我的理念。半年後，公司也做出新嘗試，召集各個崗位的女性成立「女性事業部」，我也參與其中。目前，我除了擔任DOME的顧問醫師，支援許多女性運動員的身心醫療外，也擔任企業健康管理顧問。

二〇一三年，東京獲選二〇二〇年主辦奧運和帕運，國家投注龐大預算培育女性運動員。文部科學省（之後另設體育廳）和日本國立運動科學中心共同成立培育女性運動員計畫。我也以運動醫學科醫師的身分加入這項計畫，負責生理期的相關管理和身心恢復諮詢。

所謂恢復就是休息，但是以往運動員的休息不是很受重視。良好的休息（睡眠），才可以讓清醒的時間得到良好運用，有助於提升運動表現。運動、學習和工作都是相同道理。

運動員出現睡眠問題，主要與比賽壓力、人際關係和社群媒體的中傷有關。針對這部分，我會透過瑜伽給予協助。此外，日本體育協會舉辦的培育運動醫學科醫師講座，我是負責婦科領域，對於負責骨科和內科的運動醫學科醫師，我也以婦科的觀點與他們交流知識。

二〇二〇年東京奧運和帕運，有生產經驗的女性運動員也上場比賽。有人覺得「媽媽也可以參加奧運真厲害！」，但是我希望社會變得更成熟，不必刻意把有生產經驗的女性運動員冠上「媽媽」的名號。**無論男性、女性或產後，只要根據個別差異維持良好的運動表現，不需要因為是「女性」或「媽媽」而特別對待，正常化並且針對個別需要提供支援就好。**

丈夫突然罹患棘手疾病

二〇一八年夏天，丈夫生日前夕，我們討論著要去哪裡吃飯。

接近天亮時，丈夫起床上廁所說：「左腳動不了。」當時我再度入睡，到了早上，丈夫告訴我：「腳還是不能動。」從症狀判斷，應該是腦梗塞，我馬上叫了救護車，把丈夫送到他工作的大學醫院。我照常到診所上班，傍晚去看丈夫時，他的雙腳和左手都不能動了。雖然已經知道不是腦梗塞，但是他的身體突然動不了，他非常害怕不安。

隔天，我在診所上班時，丈夫的醫院聯絡我：「因為呼吸困難，已經執行氣管插管，送往ＩＣＵ（加護病房）。」

由於氣管插管讓人痛苦，所以會用麻醉讓病患睡著。之後，即使減輕麻醉劑量，他也沒有醒過來，而且毫無反應。丈夫裝上人工呼吸器後，昏迷了四個半月，後來眼球終於有反應。直到可以「睜開眼」，又過了數個月。

丈夫罹患的是「格林－巴利症候群」（Guillain-Barre Syndrome），這是一種經由腦和脊髓影響到末梢神經的疾病，會引起發麻、肌肉無力，發病數天手腳就會動彈不得。

要是病毒侵入胸部肌肉，就會導致呼吸困難，原因可能是生食雞肉引發曲狀桿菌食物中毒，他似乎也心裡有數。

「殺了我。」

當他可以用眨眼和溝通板表達意思時，說的第一句話就是這三個字。我大受衝擊！雖然我笑著回答他：「我不可能殺了你」，但如果處於相同狀況，搞不好我也會說同樣的話。他的意識和思考都很清楚，身體卻完全動彈不得，幸好他沒辦法選擇自我了結，這點還算值得慶幸。

丈夫是腦神經外科醫師，我們從大學時代就是朋友。我會找他商量就職和考試的煩惱，不知不覺我們就開始交往，他在東京，我在名古屋，我們經歷一段遠距離戀愛後結婚。在我準備醫師國考時，他從東京寄來一箱螢光筆，以及不知為何寄來的哆啦A夢存錢筒，他就是會送一些奇妙禮物的人。他就像哆啦A夢一樣溫柔，是與我並肩作戰的戰友。我也想過要生孩子，但是在大學醫院時期，我們夫妻都經常值夜班，他還到美國留學三年，所以到現在我們還是兩人世界。

丈夫罹患格林－巴利症候群後，我頭一次變成「病患家屬」，真正體會到家屬的立場和心境。在醫院等待的時間竟然如此漫長！住院費用竟然如此昂貴！以及由衷期盼「家人情況好轉」的殷切心情。

最辛苦的，其實是付款這件事。信用卡和我們公寓的共同維護費用等，都是從丈夫的帳戶扣款。他在加護病房待了將近一年時間，帳戶餘額已經不足，我忙著處理付費手續和丈夫稅金的催繳通知，尤其是處理信用卡，實在是太繁瑣了！比方說，影音串流服務的費用是月繳，我表示：我先生目前意識不清，費用由我來繳。對方卻一味堅持：「資訊只能告訴本人」，連從哪個帳戶扣款都不告訴我。最後，我只得每個月匯款到丈夫的所有帳戶，才把扣款問題一一解決。不過，只有一件事無法解決，就是設定從網路銀行扣款的服務，由於我不知道密碼，根本就無法處理。

當他可以用溝通板交流時，我問的第一件事，就是密碼是多少？結果他說是我的生日，然後我就想「好吧，原諒你」（笑）。

丈夫目前在東京老家療養，他用的特殊輪椅體積很大，在我們家公寓的走廊轉彎有困難，所以在老家的客廳接受居家照護。

一般而言，格林－巴利症候群有七成會恢復，像他這樣用到人工呼吸器的情況是重症。雖說如此，經過復健，還是會慢慢好起來。原本說「殺了我」的丈夫，現在很積極復健。他說「想寫書」，很積極地活著。現在，我對丈夫說：「這段期間，你要判讀磁振造影（ＭＲＩ）和電腦斷層（ＣＴ）的影像賺錢喔！」

無論遭遇任何處境，都由自己選擇如何活下去

我覺得人生的際遇，某種程度可能已經注定。比方說，我的丈夫生長於優渥環境，在醫界有一定地位，在我看來人生一帆風順，直到遭遇晴天霹靂的棘手疾病，被迫思考人生該怎麼走下去。陪在他身邊的我，則要思考自己應該做什麼。與其說是痛苦，更像在挑戰初次接觸的體育運動。

他偶爾會想：「要是沒有和其他醫師到雞肉串燒店吃到生雞肉就好了……」，不過已經發生的事、無法改變的事，再怎麼想也無濟於事，因為時光無法倒流。既然如此，**我們只能往前看。**現在如果發生了不好的事，就思考怎麼做可以往好的方向發展，選擇讓狀況變成「不幸中的大幸」。

這種話或許像是自我安慰，但是人生還是得走下去，現在的瞬間會影響到未來。在人生旅途中，事情如果不盡如人意，只能自己想辦法改變。我接受目前的現況，但也想要擁有更多可能性！

不只疾病，工作和育兒都是相同道理。

想要繼續工作，所以很難結婚。想要晉升，所以無法再生一個孩子。人生往往陷入二選一的難題，但是為什麼不爭取兼得呢？任何年齡都可以開始新事物，想做什麼就去做吧！你可能會想：「說得倒容易！」，但如果有時間一直這樣想，倒不如開始採取行動，人生才會更精彩。

人生不是只有育兒或工作，即使生病或受傷，那也不是一切。**我們的人生由許多部分組合而成，工作、結婚、育兒、興趣和照護，哪些時機要全心投入在哪些部分，自己可以某種程度調整，主導權握在自己手上。**一天二十四小時，唯有時間人人平等，按照自己的想法去安排時間吧！

筆記

Star星出版 生活哲學 LP008

請問婦產科醫師

關於自我實現、人生與婦科的重要大小事

心が揺れがちな時代に
「私は私」で生きるには

作者 —— 高尾美穗
譯者 —— 賴詩韻

總編輯 —— 邱慧菁
特約編輯 —— 吳依亭
校對 —— 李蓓蓓
封面完稿 —— 李岱玲
封面插畫 —— Awai
內頁排版 —— 立全電腦印前排版有限公司

國家圖書館出版品預行編目（CIP）資料

請問婦產科醫師：關於自我實現、人生與婦科的重要大小事／高尾美穗 著；賴詩韻 譯 . 第一版 . – 新北市：星出版：遠足文化事業股份有限公司 , 2023.07
352 面；15x21 公分 . --（生活哲學；LP008）.
譯自：心が揺れがちな時代に「私は私」で生きるには
ISBN 978-626-96721-9-6（平裝）
1.CST: 自我實現 2.CST: 生活指導 3.CST: 婦女健康

177.2 112009937

出版 —— 星出版／遠足文化事業股份有限公司
發行 —— 遠足文化事業股份有限公司（讀書共和國出版集團）
231 新北市新店區民權路 108 之 4 號 8 樓
電話：886-2-2218-1417
傳真：886-2-8667-1065
email: service@bookrep.com.tw
郵撥帳號：19504465 遠足文化事業股份有限公司
客服專線 0800221029
法律顧問 —— 華洋法律事務所 蘇文生律師
製版廠 —— 中原造像股份有限公司
印刷廠 —— 中原造像股份有限公司
裝訂廠 —— 中原造像股份有限公司
登記證 —— 局版台業字第 2517 號

出版日期 —— 2023 年 07 月 19 日第一版第一次印行
定價 —— 新台幣 420 元
書號 —— 2BLP0008
ISBN —— 978-626-96721-9-6

星出版讀者服務信箱 —— starpublishing@bookrep.com.tw
讀書共和國網路書店 —— www.bookrep.com.tw
讀書共和國客服信箱 —— service@bookrep.com.tw
歡迎團體訂購，另有優惠，請洽業務部：886-2-22181417 ext. 1132 或 1520

新觀點
新思維
新眼界

Star
星出版